seja você mesmo

Solicite nosso catálogo completo, com mais de 350 títulos, onde você encontra as melhores opções do bom livro espírita: literatura infantojuvenil, contos, obras biográficas e de autoajuda, mensagens espirituais, romances palpitantes, estudos doutrinários, obras básicas de Allan Kardec, e mais os esclarecedores cursos e estudos para aplicação no centro espírita – iniciação, mediunidade, reuniões mediúnicas, oratória, desobsessão, fluidos e passes.

E caso não encontre os nossos livros na livraria de sua preferência, solicite o endereço de nosso distribuidor mais próximo de você.

Edição e distribuição

EDITORA EME

Caixa Postal 1820 – CEP 13360-000 – Capivari – SP

Telefones: (19) 3491-7000 | 3491-5449

Vivo (19) 99983-2575 ❂ | Claro (19) 99317-2800

vendas@editoraeme.com.br – www.editoraeme.com.br

JOSÉ LÁZARO BOBERG

mesmo autor de
Peça e receba – O Universo conspira a seu favor

SEJA *você* MESMO!

O desafio do autodomínio

Capivari-SP
– 2016 –

© 2016 José Lázaro Boberg

Os direitos autorais desta obra foram cedidos pelo autor para a Editora EME, o que propicia a venda dos livros com preços mais acessíveis e a manutenção de campanhas com preços especiais a Clubes do Livro de todo o Brasil.

A Editora EME mantém, ainda, o Centro Espírita "Mensagem de Esperança" e patrocina, junto com outras empresas, a Central de Educação e Atendimento da Criança (Casa da Criança), em Capivari-SP.

2ª edição – novembro/2016 – de 3.001 a 6.000 exemplares

CAPA | André Stenico
DIAGRAMAÇÃO E PROJETO GRÁFICO | Victor Benatti
REVISÃO | Lídia Regina M. B. Curi

Ficha catalográfica

Boberg, José Lázaro, 1942
    Seja você mesmo – O desafio do autodomínio / José Lázaro Boberg – 2ª ed. novembro 2016 – Capivari, SP : Editora EME.
    200 p.

    ISBN 978-85-66805-83-3

1. Reforma íntima. 2. Autoconhecimento.
3. Sequestro da subjetividade.
4. Técnicas para ser líder de você mesmo. I. TÍTULO.

CDD 133.9

Sumário

Apresentação 7

Prefácio 13

Explicação necessária 17

Que se entende por sequestro da subjetividade? 17

**PRIMEIRA PARTE: Sequestro da subjetividade –
Por conta das forças exteriores**

1. Sequestros na família **25**

1.1. Em relação à esposa 27

1.2. Em relação aos filhos 32

2. Sequestros da subjetividade em outros contextos .. **39**

2.1. No âmbito das relações profissionais 39

2.2. O sequestro por força do inconsciente coletivo .. 42

2.3. Gnosticismo x sequestro da subjetividade 49

2.4. O sequestro por afastamento da essência 56

2.5. Sócrates e o sequestro da subjetividade 59

2.6. Ser sequestrado ou tornar-se pessoa? 64

2.7. Sequestro dos germes divinos 71

2.8. O sequestro dos objetivos reais da vida 74

2.9. Crime por não termos sido nós mesmos 80
2.10. Sequestro da subjetividade pela obsessão.........85
2.11. Sequestro pelas religiões......................................96

3. Mantendo a consciência em alerta 109
3.1. A fonte da vida está dentro de você..................110
3.2. Resplandeça a sua luz 114

**SEGUNDA PARTE: O sequestro da subjetividade –
Por conta das forças interiores**

1. O sequestro da subjetividade por conta
dos coadjuvantes internos 119

2. Analisando os coadjuvantes internos 129
2.1. Gatilho de memória...135
2.2. Autofluxo 141
2.3. Janelas da memória...151

3. Como ser "líder de si mesmo"? 159
3.1. Metas para ser "líder de si mesmo" 160
3.2. Técnicas para ser líder de você mesmo 173

Referências bibliográficas 197

Apresentação

Defrontei-me com um artigo na Revista *Filosofia, Ciência e Vida*, n. 94, de maio de 2014, presenteada pelo presidente de nossa casa espírita – Marco Antonio Coelho de Oliveira. O articulista tinha por objetivo mostrar, de forma didática, o *sequestro da subjetividade* na religião, sob a perspectiva Feuerbach e Nietzsche, dois expoentes da filosofia alemã. Sob essa ótica, segundo eles, a religião sequestra a subjetividade (essência), colocando-nos submissos na plateia. Tudo tem que passar por ela, perdendo-se o comando do *eu*, para ser-lhe subserviente. Mesmo entendendo, perfeitamente, a interpretação dos filósofos quanto à força da religião, confesso que a expressão era nova para mim. Achei-a, todavia, muito interessante.

Poucos dias depois, chegou às minhas mãos o livro do Padre Fábio de Melo, publicado pela Editora Planeta. Qual não foi a minha surpresa, quando, ao folhear as primeiras páginas, vi que o padre-psicólogo traz uma reflexão sobre o *sequestro da subjetividade*, dando ao seu livro o nome de *Quem me roubou de mim?* Em seguida, recebi o livro da amiga psicóloga Lourdes Possatto, com o título, *O desafio de ser você mesmo*, enfatizando a mesma proposta, sem usar, contudo, a expressão, mas com igual objetivo: *a proposta de ser pessoa*. Quando já tinha estruturado o livro e escrito, talvez 50% de seu conteúdo, contatei com o livro *Seja líder de si mesmo*, do escritor e médico psiquiatra Dr. Augusto Cury. Curioso, conforme alerta André Luiz, no introito do livro *Nosso Lar*, "Quando o trabalhador está pronto o serviço aparece". Parece-nos que as coisas vão se 'encaixando' no momento certo, oferecendo-nos sugestões para a consecução dos objetivos preconizados.

Fizemos, então, após a leitura dessa obra, inserções em alguns textos que já tínhamos escrito, enriquecendo a ideia. É assim que entendemos a força da mediunidade, manifestando sempre que criamos "sintonia com o Universo". E aqui concretiza o lema de que, "semelhante atrai semelhante", assunto que trataremos no decorrer de nossas reflexões. É o *receptor* alinhando-se, vibracionalmente, com a *Fonte*, pouco importando o local de tal captação mental.

Antes, no ano de 2010, já havíamos analisado, em nosso grupo de estudos, no Centro Espírita João Batista, de Jacarezinho-PR, a proposta filosófica do *gnosticismo*, corrente cristã que deu origem aos *Evangelhos gnósticos*, oferecendo-nos, então, subsídios que resultaram no livro *O Evangelho de Tomé – o elo perdido*, publicado pela Editora Chico Xavier (MG), e depois, em 2015, *O Evangelho de Judas*, lançado em dezembro, pela Editora EME, em que é enfatizado o *gnosticismo* cuja filosofia, por outras palavras, tem como ponto nevrálgico, a *busca de si mesmo*. Veja quantas 'coincidências'. Será mesmo coincidência?

O assunto, durante toda vida, provocou-me profundas reflexões. Sempre achei que a matriz de tudo, no processo evolutivo, tinha como fonte o molde criado pelo pensamento, e, portanto, gerado pela usina mental de cada individualidade. Tratamos deste assunto em nosso livro, *Peça e receba – o Universo conspira a seu favor*. De um modo geral, pela influência das religiões, crê-se, metaforicamente, que um Deus externo é quem comanda tudo, até os nossos mais íntimos pensamentos, afinal, estereotipou-se na mente do crente que, por sua onisciência, Ele "sabe tudo", nada Lhe passando despercebido, a ponto de saber, segundo Lucas (12:7) "até o número dos fios de cabelo da criatura". As religiões, nesse propósito, criam mecanismos de consolo e de medo ao mesmo tempo. No entanto, a solução dos problemas é de inteiro risco e responsabilidade de cada um.

A conquista do livre-arbítrio é prerrogativa pessoal, jurisdição em que nenhuma força divina externa interfere, uma vez que a aprendizagem é fruto da experiência, num *continuum* infinito, sob a égide dos princípios de causa e efeito. Não se "terceiriza" aprendizagem, como se fora algo transferível. Ela é a consequência da ação, diante dos naturais óbices que enfrentamos.

Resolvemos, então, pesquisar e escrever sobre os desafios que o ser humano encara na atualização de seus potenciais, ao longo das milenares experiências com o objetivo de "tornar-se pessoa". Tornar-se pessoa é dar plena expansão à capacidade que cada um possui. A metáfora da *parábola dos talentos*, inserida por Mateus, 25:14--30, em seu Evangelho, ensina-nos que cada um deve *dar conta de sua administração*, perante as leis divinas.

Ancoramos, para a consecução deste objetivo, em vários pensadores que, sob ângulos diversos, já trabalharam esta temática, sem se referir, obviamente, à expressão atual, *sequestro da subjetividade* que, parece-nos, não é comum.

Ousamos, então, encarar a análise desse processo, com suas consequências, em várias nuances do inter-relacionamento humano. Analisamos e refletimos, além dos livros já citados, as chamadas obras básicas da doutrina espírita (*O Livro dos Espíritos, O Livro dos Médiuns, O Evangelho segundo o Espiritismo, O Céu e o Inferno e A Gênese*), bem como as subsidiárias, e nos livros de psicologia, conteúdos que nos ampliassem a capacidade de "ser nós mesmos", assumindo a responsabilidade de desenvolver, de acordo com a maturidade pessoal, a *semente* da perfeição, inerente a todos. Esta é uma tarefa personalíssima, intransferível, por conta dessa capacidade de desenvolver, gradativamente a luz interna. É o convite de Jesus, no Evangelho de Mateus (Mt. 5:16), *Brilhe a vossa luz*, e, para tal objetivo, cada um tem o seu tempo.

Após contatarmos com a obra de Augusto Cury, conforme nos referimos, resolvemos dividir o livro em duas partes. O objetivo inicial era escrever sobre o *sequestro da subjetividade,* apenas com base nos fatores externos, como até então fora abordado pelos escritores, em sua tese inicial. Após a leitura e reflexão da teoria do escritor e psiquiatra Cury, ampliamos a obra, dando nova direção. Desenvolvemos, daí, um bloco todo, que compõe a 2.ª parte, em que incluímos o sequestro da subjetividade, abordando essa "usurpação" (roubo) *da subjetividade*, com base também nos fatores *internos*. Adiantamos que essa complementação é coisa nossa.

Não conheço nenhum autor que tenha dividido o sequestro da subjetividade, com base nos coadjuvantes do *eu*. Mas, no decorrer dos estudos, você, certamente, vai concordar conosco.

Que tal o alvitre? Vamos caminhar juntos nestas reflexões? Com certeza, elas nos revelarão o quanto ainda "deixamos a desejar", e as consequências advindas dessa omissão, impedindo de *ser* nós mesmos. Com esses estudos, deixamos a nossa passividade na base do "deixa a vida me levar", tornando-nos mais "fortes", mais "autênticos" e mais "confiantes". É por isso que nossa proposta é para que aprendamos técnicas de maximização de nossos potenciais.

Jesus afirma: "Vós sois luzes". Nós somos seres ilimitados. As capacidades, os talentos, os dons e o poder estão dentro de cada indivíduo. Eles são ilimitados. Você viverá em uma realidade diferente, e as pessoas olharão para você e dirão: "O que você faz de diferente de mim?" A única coisa que é diferente é que você tem a certeza do sucesso! Assim, ninguém, mas, ninguém mesmo, pode tomar o seu lugar neste processo. Isso é algo pessoal! Convidamos você a *repensar* mais profundamente sobre esta responsabilidade. O caminho da evolução, conforme a lei de progresso (Item VII, de *O Livro dos Espíritos*), é que **sejamos nós mesmos!**

Prefácio

SER VOCÊ MESMO significa ser e expressar a sua natureza verdadeira; sofremos tantas interferências ao longo de nossa existência que este processo de ser a pessoa que se é acaba sendo deturpado, e nosso dever evolutivo é justamente a busca de autoconhecimento e questionamento para atingir a meta de sermos a expressão de nossa verdadeira essência, aquele ser individual e único que Deus criou.

O que dizer desse novo livro de José Lázaro Boberg? Em primeiro lugar sinto-me muito honrada por prefaciar esta obra maravilhosa, cujo objetivo é despertar nos leitores o conhecimento e enfatizar possibilidades de cada um ser si mesmo; nesta ótica, dizem os espíritos, "O homem desenvolve por si mesmo..." (Q. 779, de OLE). Em outras palavras, o caminho da evolução é trabalho pessoal.

Considero o Boberg como um amigo de longa data e nos encontramos nesta vida com propósitos semelhantes, ou seja, o de despertar a força e a sabedoria que estão presentes na natureza de cada um e de lembrar da proposta evolutiva que cada um tem na presente existência, que é crescer e se melhorar a cada dia, de acordo com as leis universais.

Os fatores que nos afastam de nossa essência verdadeira, e que Boberg, com muita propriedade nos mostra nesta obra, nos sequestram de nossa individualidade, e esses fatores como, por exemplo, arquétipos, educação familiar, crenças tradicionais e sociais, dogmas religiosos, o meio e seus valores materialistas precisam e devem ser questionados, passados pela peneira de nosso bom-senso, para assumirmos o ser que realmente e, em essência, somos.

Para mim, é primordial que tenhamos o conhecimento dessas leis que regem a natureza e a evolução do espírito, para que aprendamos a respeitá-las e adotá-las, como o norte que nos conduz ao caminho correto; que aprendamos a adotar o código de ética e conduta exemplificado no evangelho de nosso mestre Jesus, que nos dá todas as ferramentas para que sejamos nós mesmos, seres verdadeiros, maravilhosos, íntegros, verdadeiros cocriadores junto ao nosso Pai Maior.

E, para isso, é também necessário e imprescindível trabalhar a humildade, a aceitação da realidade, nossos limites reais, enfim, trabalhar autoconhecimento a fim de assumir a responsabilidade por si mesmo, cem por cento, pois a lei é clara: o caminho é individual e ninguém faz para você o que é seu propósito e responsabilidade. Basta olhar para o nosso corpo, e perceber o quanto somos responsáveis por nós mesmos, pois ninguém pode comer ou dormir em nosso lugar ou mesmo assumir esta responsabilidade por nós; não mais somos fetos, não somos bebês dependentes física ou emocionalmente e precisamos assumir esta grande verdade.

Boberg, em seus livros tem se mostrado um grande filósofo, sábio e perspicaz, com a proposta de trazer informações, e com uma habilidade fenomenal de compilá-las e sintetizá-las, propiciando o conhecimento e o questionamento necessário.

Neste livro, ele apresenta todos os fatores que nos influenciam em nossa busca pelo nosso EU verdadeiro; e você, leitor, encontra uma fonte imensa de dados e pode sim se propor a questionar e perceber os caminhos necessários para esta busca do si mesmo.

Precisamos rever crenças, atitudes errôneas que aprendemos a ter e que introjetamos desde a nossa infância e que, com certeza, já trazemos de outros momentos em vidas anteriores, com o propósito de nesta existência, crescermos um pouco mais em nosso caminho evolutivo.

Temos a necessidade de trabalhar compreensão por nós mesmos e pelo meio em que nascemos, pelos nossos pais, pelo outro que você não pode mudar e principalmente o perdão, para que possamos sair da ideia de vitimismo, e para que nos tornemos mais resistentes e resilientes às influências externas, para com isso, amadurecermos emocionalmente.

Devemos botar a mão na massa para atuarmos por nós mesmos, amorosamente e com respeito à nossa natureza, coisa que ninguém pode fazer por nós; escolher as ações, decidir o caminho, a forma de atuar, em conexão com o nosso sentir, que é a forma como a nossa natureza nos informa sobre as nossas ações, é de nossa total responsabilidade.

Você tem, querido leitor, um excelente material em todas as obras do Boberg, que com certeza, é um espírito que tem a proposta de ajudar as pessoas a se perceberem melhor, e que o faz com extrema mestria, em todas as suas ações, seja na condução do núcleo espírita do qual participa e orienta, seja no seu trabalho sério e responsável como profissional, como pai e pessoa íntegra e seja com seus livros que tanto bem fazem aos que realmente querem aprender, crescer emocionalmente, serem pessoas melhores, para justamente poderem, a partir de seus exemplos pessoais e em suas ações, ajudar o mundo a se tornar um mundo melhor.

Que Deus abençoe este seu caminho na luz!

Lourdes Possatto
Psicóloga especializada em Gestalt-Terapia
Psicoterapeuta, escritora de vários livros pela
Lúmen Editorial

Explicação necessária

Que se entende por sequestro da subjetividade?

PARA QUE ENTENDAMOS o sentido desta expressão, necessitamos, em primeiro lugar, deixar clara a ideia de "sequestro", para depois adicionarmos o termo "subjetividade". A palavra sequestro pode ter vários significados, dentre os quais, o mais comum, o ato de privar, ilicitamente, a liberdade de uma pessoa, mantendo-a em local do qual não possa livremente sair. Não é isso que assistimos pela mídia, volta e meia, quando determinadas pessoas são "sacadas" abruptamente de seu *habitat* e apartadas em recintos totalmente fechados, sem possibilidade de comunicação, a não ser para servir de "ponte", com o objetivo de ameaçar os familiares no intuito de se obterem lucros com o resgate?

Tem-se, então, o sequestro, que objetiva, primeiro, o corpo, matéria, concreto, manuseável. Prende-se o corpo físico em cativeiro para atingir objetivos diversos, dentre eles, e o principal, o financeiro. Uma vez estourado o cativeiro, a pessoa adquire sua liberdade física e volta às atividades normais. Não resta dúvida de que, embora seja prisão física, uma vez em liberdade, permanecem certas sequelas subjetivas, mas tratáveis, de tal sorte que a pessoa se torna livre, passado o trauma, para retornar à vida normal.

No entanto, o objetivo aqui, na elaboração desta obra, é abordar outro tipo de *sequestro* ou *roubo*: o da nossa "subjetividade" – o sequestro do *eu*. Um sequestro ocorre quando se mina a capacidade de **ser você mesmo**, transferindo-se para terceiros a condução de seu destino. Com base na obra de Augusto Cury, *Seja líder de si mesmo*, acrescentamos outro tipo de sequestro, o dos *fatores internos*, os coadjuvantes inconscientes da mente, que também agem como "sequestradores" de nossa subjetividade. O roubo ou sequestro podem, portanto, partir tanto de fatores externos, quanto de fatores internos.

Fatores externos – essa força externa é imediata. Quase sempre, a vítima não tem recursos para se safar dessa privação forçada, involuntária. Trata-se do domínio de alguém sobre o outro (entre os cônjuges, pais sobre filhos, do empregador para o empregado, ou alguém com ascensão sobre o que vive sob seu comando). "Um vínculo que mina a capacidade de sermos quem somos, de pensar por nós mesmos, de exercer nossa autonomia, de sermos nós mesmos".[1]

Fatores internos – referem-se ao sequestro da subjetividade, pela ação dos *fenômenos coadjuvantes da mente* que, agindo, bloqueiam a plena manifestação da vontade. O ser passa a agir sob a influência desses coadjuvan-

---

1   MELO, Fábio de. *Quem me roubou de mim?* p. 22.

tes, no geral, inconscientemente. Esta teoria baseada no referido livro de Augusto Cury, descreve a vida como uma peça de teatro, fazendo constantemente uma distinção quanto à posição do indivíduo, entre ser ator ou coadjuvante da sua própria vida. A força interna provém dos coadjuvantes psíquicos do *eu* (gatilho da memória, autofluxo e janela da memória). Este será o assunto, da 2ª parte deste livro.

Referindo-se ao "sequestro da subjetividade", por *fatores externos*, nem sempre ele tem consequências psicológicas imediatas. Pode se manifestar por uma aceitação espontânea da situação, sem que se assemelhe ao sequestro do corpo. A primeira (fatores externos) tem como característica a involuntariedade (sem manifestação da vontade), enquanto a segunda (fatores internos), no geral, está associada à vontade consciente ou inconsciente. É bem verdade que, muitas vezes, podem ocorrer também violências objetivas, quando o corpo é impedido de livre manifestação. O sequestrador ganha a confiança da vítima para, posteriormente, impor-lhe seus objetivos de dominação.

Neste sentido, podemos nos referir aos casos em que, por medo, por complexos de inferioridade, ou mesmo, por "conveniência", deixamos de expressar nossos valores íntimos, estacionando diante do objetivo maior que é dar pleno desenvolvimento aos potenciais intrínsecos que herdamos da Inteligência Suprema.

> Somos treinados para dirigir um carro, uma empresa, exercer uma profissão. Mas será que somos treinados para governar nossos pensamentos?

Somos preparados para sermos plateias, e não líderes do nosso mundo psíquico. Os pensamentos nos dominam, as emoções nos controlam.

A ciência e a educação nos preparam para explorarmos o mundo exterior, mas não para explorarmos o território de nosso ser.

Muitos falam com o mundo *via Internet*, mas o estranho é que nunca falaram profundamente consigo mesmos.[2]

Dominamos tecnologia para viajarmos para os planetas, mas não para conquistarmos o espaço onde nascem a timidez, a ansiedade, o medo, a coragem, as frustrações, o mau humor, a angústia, os sonhos, o engano pela vida.

Muitos jovens e adultos são prisioneiros em sociedades livres. "É mais cômodo ficar na plateia, mas precisamos subir no palco e sermos os atores principais de nossa história".[3]

A Humanidade, diante da correria desenfreada do dia a dia, com a sociedade moderna, cada vez mais complexa, está mais em busca das conquistas materiais do que dos valores espirituais, afastando-se, assustadoramente, de sua essência.

---

2   Sugiro a leitura de meu livro *Para falar com Deus*, por esta Editora.
3   CURY Augusto. *Seja líder de si mesmo*, p. 7.

Em nome do amor à família, cometem-se crimes hediondos que impedem seus dependentes de ser eles mesmos, bloqueando o desenvolvimento da essência. Esses crimes não são noticiados pela *mídia* e nem são levados à Justiça, passando sutilmente despercebidos ou "aceitos", naturalmente. Eles acabam se "socializando". Quantos, diante desta situação assustadora, são sequestrados em suas subjetividades?

Primeira parte

Sequestro da subjetividade

Por conta das forças exteriores

1. Sequestros na família

A AUSÊNCIA DA vida produz atos externos vazios, destituídos de qualquer sentido. O objetivo é o desenvolvimento do potencial espiritual, não perdendo o foco de seus objetivos. Sem eles, a vida perde a razão de ser. Não basta tão só a reforma íntima, mas o crescimento contínuo. Nem sempre reforma expressa continuidade, sendo muitas vezes entendida como acabamento. Para o despertamento do *eu*, a condição, *sine qua non*, segundo a lei natural, *é evoluir*, sempre. Quem estaciona perde o tempo de progredir! É óbvio que, "Há tempo de nascer, e tempo de morrer; tempo de plantar, e tempo de colher"...[4]

Assim, como há tempo para tudo, no momento certo, cada ser, de acordo com a maturidade, "acorda", retomando as rédeas de sua vida e administra o mecanismo da vontade. Enquanto isso não acontece, é comum apresentar-se como *ausente*, terceirizando o governo de si mesmo. É quando se dá o chamado *sequestro da subjetividade*... É mais cômodo ser "dirigido" do que "dirigir". Mas essa condição não perdura. É sempre

---

4   Eclesiastes, 3:2.

provisória, pois, no tempo próprio, surge o chamado da consciência: "Desperta, tu que dormes! Levanta-te dentre os mortos e o Cristo te iluminará", como bem expressou Paulo.[5] Esse "dormir" significa estar "ausente" dos objetivos da vida... Porém, quando desperta o Cristo (semente divina presente em todas as criaturas), a luz espiritual resplandece.

Essa usurpação dos objetivos da vida denota, na criatura, a ausência temporária no processo evolutivo, adiando, para o futuro, a prestação de contas da administração da vontade, diante da consciência – a única a nos cobrar no momento do despertar, e para isso, conforme afirmamos, "cada um tem seu tempo".

Quando isso acontece, vem a necessidade de expressar a inteireza do potencial subjetivo. Ser inteiro é expressar, num dado momento, tudo aquilo que somos: "nem mais nem menos". Então, "É terminantemente vedado viver-se uma vida que não a sua. Qualquer outra vida que não seja a sua compromete a vulnerabilidade de sua história particular. Há um *eu* que lhe é apropriado. Ele se constitui de uma medida que, como mencionado, é tudo o que você é. Sermos sagrados diz respeito a sermos tudo, nem mais, nem menos do que somos".[6]

Atente que o local primeiro, para que tal fato aconteça é no instituto doméstico, onde, quase sempre, detecta-se alguém sufocando alguém, obrigando o dominado a aceitar as regras do dominador. Estão aí, nesse binômio: o coator e coagido (ato de obrigar alguém a agir confor-

---

5   Efésios, 5:14.
6   BONDER, Nílton. *Código penal celeste*, p. 98.

me os desejos do impositor), "abafando" o crescimento dos potenciais, impedindo que a pessoa "seja ela mesma", tal como a plantazinha que, sufocada por forças externas, perece...

Essa ação embora contrária às leis naturais, na sociedade, passa "batida" e, muitas vezes, adquire "cidadania", seja consciente, seja inconscientemente. Trata-se de um crime que nos impede de "tornarmo-nos pessoas". Aceitam-se certos costumes como normais, sem contestação, até que alguém denuncie como algo contrário ao bom-senso.

1.1. Em relação à esposa

SERÁ QUE A esposa, após anos de cerceamentos e agressões psicológicas, buscaria a Justiça para ser indenizada, por conta do mal cometido pelo marido, que a impediu de cumprir a lei natural, no ato do desenvolvimento de si mesma? O convencional é que não.[7] Às vezes, essa condição de subalternidade ocorre uma vida toda, e, por razões várias, acaba-se aceitando a situação.

Quantos casos ocorrem na vida em comum, em que, com o falecimento de um dos cônjuges – o dominador –, o outro fica "sem chão", porque não desenvolveu seu *eu*, suas experiências pessoais, quer por comodismo, quer por imposição. Ora, o objetivo da encarnação é a busca da perfeição (ainda que relativa) e a participação na obra da criação, cada qual, no tempo próprio, dando plena ex-

---

7   Ver meu livro *Da moral social às leis morais*.

pansão de sua essência, independentemente de sexo, cor, raça ou religião.[8]

Como, então, cumprir esses objetivos, se a mulher está sequestrada, impedida de "ser ela mesma"? Ora, o bloqueio do "si mesmo", por conta de um agente externo, impede o fluir da subjetividade, estacionando-se. A aprendizagem não ocorre pelo "ouvir dizer", mas tão só pela "ação". Uma planta presa no seu *habitat* não cresce. Que situação contraditória: atender o chamamento interior da essência para o crescimento dos potenciais, ou submeter-se, simplesmente, a uma voz de comando de alguém ao seu lado, anulando-se?

Não estamos aqui, obviamente, instigando qualquer desarmonia conjugal, pois ela é garantia do progresso da família e da própria sociedade. O que sugerimos é que, dentro da harmonia no lar, possam ambos (marido e mulher) ajudar-se mutuamente, no crescimento. Todos ganham com isso, marido, mulher, filhos e, por consequência, a própria sociedade.

Conhecemos casos em que a mulher, por exemplo, comunica ao marido o seu desejo de continuar aprimorando seus conhecimentos e, para tal, tendo como projeto cursar o ensino superior, em faculdade pública, portanto, sem desequilíbrio ao orçamento doméstico. A resposta é "não", pelo "ciúme" do consorte. O que fazer? "Ele não deixa", diz ela... Isto é sequestro, abafando a companheira de plenificar o desenvolvimento de sua semente divina. Este é objetivo da lei do progresso, ensinada pelo espiritismo.

---

8   Ver *O Livro dos Espíritos*, questão 132.

Lembre-se que Jesus de Nazaré recomendou como lei natural: *Brilhe a sua luz*! Esta voz de comando retrata o objetivo do homem na Terra, mostrando que a evolução é a razão de ser de cada espírito para o seu crescimento em sua ascese ao Infinito. O contrário, o "não crescer", é descumprimento da lei natural. "Sendo o progresso uma condição da natureza humana, ninguém tem o poder de opor-se a ele".[9]

A sociedade, desde os tempos imemoriais, caracterizou-se pelo machismo, sendo a mulher, apenas companheira subalterna. Mesmo nos livros, considerados "sagrados", a mulher sempre teve papel doméstico ou caseiro: procriação, afazeres domésticos, educação dos filhos, entre outros. Paulo (ou quem efetivamente escreveu a Carta)[10] declara: "... As mulheres estejam **caladas** nas igrejas; porque não lhes é permitido **falar**; mas estejam **submissas** como também ordena a lei. E, se querem aprender alguma coisa, perguntem em casa a seus próprios maridos; porque é indecoroso para a mulher o falar na igreja".

Ainda hoje, por conta dessa citação, tal procedimento é aceito por muitos religiosos, como "palavra de Deus", ocorrendo inúmeras castrações, (sequestros) levando essas mulheres "religiosas", a aceitar o homem como o "todo-poderoso".

Ouvi, certa vez, de uma mulher detentora de formação universitária, em desavença com o marido, que, ao visitar o pastor de sua congregação, recebeu como orientação: A mulher tem que ser "submissa" ao marido, conforme declara o "Livro sagrado" e ela acatou o "conselho" do

---

9   KARDEC, Allan. *O Livro dos Espíritos*, lei do progresso, cap. VIII.
10   1 Coríntios 14:33-35.

líder religioso, reconciliando, assim com o cônjuge. Hoje, após maior maturidade, não suportando a carga impositiva, separaram-se, judicialmente. Cada qual tomou o seu rumo. Ora, compreensão, sim, submissão servil, não. Um sequestro da subjetividade, verdadeiramente...

Nessa visão, é também o que pensa a psicóloga espírita Lourdes Possato: "É preciso que haja troca positiva, onde há encontro de duas pessoas que se amam e um quer o bem do outro, com ética, respeito, consideração. Veja que a ideia de servilismo feminino é arquetípica, ainda é adotada em certas culturas, mas precisa ser repensada. Esse papel sempre foi imposto, pois ele não faz parte da natureza. A atividade passiva absoluta é péssima e pode até ser uma atitude irresponsável, pois o ser passivo não vive para si mesmo. Se alguém tem certos potenciais, precisa usá-los em todos os campos; assim, não está agindo dentro de seu melhor naquele campo, onde não usa os seus potenciais, e, assim, é claro que esse campo apresentará problemas, pois ela será tratada segundo as energias que emana, e no campo pessoal ela emana, insegurança, autodesrespeito, porque se afasta de sua autenticidade e segurança real para se apoiar no outro, atender às expectativas do outro, e com isso deixa de ser ela mesma, só para procurar aceitação, consideração e amor que ela mesma não se oferece nesse campo".[11]

Atente-se, todavia, que a recíproca também é verdadeira. Embora não seja o comum, a mulher, sem surpresa alguma, desde sua crescente igualdade social, na atualida-

---

11 POSSATTO, Lourdes. *O desafio de ser você mesmo*. Vencendo a barreira rumo à realização pessoal. Ed. Lumen.

de, pode, por sua vez, sequestrar a *subjetividade do marido,* quando toma para si, o comando do relacionamento. O relacionamento é uma estrada de mão dupla. A dependência vincula-se a vários fatores. É óbvio, no entanto, que a incidência do "cerceamento", sempre foi, arquetipicamente, do homem sobre a mulher. Atente-se que a ideia antropomórfica de Deus, para as religiões, em sua expressão maior, é a de um homem! Isso já é ancestral. Você já viu alguém orando para um Deus (mulher)? Até nas orações, as mulheres são apenas "intercessoras" junto ao Deus pessoa. Não se pede para Maria (mãe de Jesus) para interceder junto a Deus, diante de nossos rogos?

Ora, Deus não é pessoa, mas "uma inteligência suprema e causa primeira de todas as coisas".[12] Nesse desenho, você mesmo deve conhecer muitos casais em que a coisa funciona de forma contrária, quando a mulher é o cabeça nas decisões conjugais. Quem manda é a mulher, e ponto final! Daí as expressões jocosas: Como é que pode – dizem uns – "lá quem manda é a mulher!", "O cara é mesmo um banana!", "Lá na casa o galo não canta", entre outras.

Com a evolução dos tempos foi eliminada do Código Civil a figura do "cabeça do casal", coisa que era comum, até pouco tempo atrás. Voltamos a insistir, que o objetivo é que ambos cresçam e cumpram a parte que lhes cabe na obra da natureza; há necessidade de compartilhamento, respeito entre os cônjuges. Quando ocorre o sequestro da subjetividade vivemos na contramão das leis naturais. A evolução estaciona, permanecemos sem cumprir os objetivos inerentes à evolução...

---

12   Questão n.º 1, de *O Livro dos Espíritos.*

1.2. Em relação aos filhos

No livro *O profeta*, o poeta Kalil Gibran traz, com sutileza, a beleza de sua inspiração sobre a educação dos filhos, no poema:

> Teus filhos não são teus filhos. São filhos e filhas da vida, anelando por si própria. **Vêm através de ti, mas não de ti. E embora estejam contigo, a ti não pertencem. (Grifos nossos)** Podes dar-lhes amor, mas não teus pensamentos, pois que eles têm seus pensamentos próprios. Podes abrigar seus corpos, mas não suas almas, pois que suas almas residem na casa do amanhã. Que não podes visitar sequer em sonhos. Podes esforçar-te por te parecer com eles, mas não procures fazê-los semelhante a ti, pois a vida não recua, não se retarda no ontem. Tu és o arco do qual teus filhos, como flechas vivas, são disparados... Que a tua inclinação na mão do Arqueiro seja para alegria.[13]

Veja quanta verdade num pequeno poema, que, muitas vezes, ainda por ausência de maturidade, não conseguimos aceitar. "Os pequenos frascos contêm as grandes fragrâncias", diz um aforismo popular.

O poema, além de belo, exprime uma verdade espiritual, mostrando-nos que, cada um deve dar o máximo de si, no desenvolvimento a seus potenciais. Isto é *dever* que cada ser traz, potencialmente, embutido na sua essência,

---

13   GIBRAN, Kalil Gibran. *O profeta*, lição 15.

e qualquer bloqueio, seja de quem for, é crime contra a *Essência*. E aqui se "encaixa" bem a ideia sobre o *sequestro da subjetividade*, quando alguém é sequestrado de seu direito natural de ser "si mesmo". Precisamos respeitar a essência do filho, tal qual a da esposa, e de quem estiver sob nossa responsabilidade.

Nesta ótica, ninguém cresce, terceirizando sua subjetividade a quem quer que seja. O reino de Deus (o Cristo interno, a subjetividade) existe em todo ser humano, mas, na maior parte em estado dormente, potencial, embrionário. É de responsabilidade de cada um "despertar", "atualizar", "desenvolver" este germe que o mestre chamou, simbolicamente, de "luz debaixo do alqueire", "o tesouro oculto", "a pérola preciosa", "o grão de mostarda", entre outras comparações. Inúmeras parábolas de Jesus existem que visam despertar no ser humano o sentido dessa Força Potencial Interna e o dever de colocá-la a serviço do progresso individual e coletivo.

Embora o espírito tenha a mesma natureza da *Essência Divina*, ele deverá desenvolver-se por esforço próprio. Didaticamente, entendamos que somos portadores da mesma potencialidade divina, porém em estado embrionário. O resplandecer dessa "pérola escondida" só se dará pela própria criatura, em sua evolução. "É por isso, que de forma representativa se diz que Deus *faz morada* em nosso coração. Se tomarmos uma gota da água do mar e passarmos por uma análise química laboratorial, encontraremos na gota a mesma composição química do mar. Somos partículas de Deus e carregamos em nós, *todos* os Seus atributos, porém em estado potencial. O espírito sendo criado *simples e ignorante* é perfectível e à medida de sua evolução, por meio das experiências reencarnatórias, aperfeiçoa o gérmen dessa perfeição".[14]

"Assim como, o que nasce da planta é uma semente que terá que desenvolver-se e não uma árvore já grande; assim como, de um animal adulto nasce um filhote minúsculo, que terá que crescer; assim como, do homem nasce uma criancinha pequenina, que terá que desenvolver-se e aprender (e não outra criatura adulta), igualmente também (a LEI é a mesma em todos os planos), compreende-se que foi estabelecido que o espírito fosse criado "simples e ignorante" para, então, por si mesmo, desenvolver-se".[15]

A diferença é que os seres inferiores da criação são programados, e nós, pela presença do livre-arbítrio, escolhemos nossas ações, sejam certas, sejam erradas, com exclusão de qualquer ideia de "punição divina", quando erramos. Aprendemos pelos princípios de causa e efeito, sem qualquer intercessão de um Deus externo, que somos responsáveis por nossas escolhas. Atentemos que somos seres racionais e cocriadores da obra da Criação. Dotados da semente da perfeição (chamada pelos egípcios, de CHRISTÓS), somos autores dos frutos produzidos, cada qual no seu tempo de entendimento. É o que, simbolicamente, expressa a parábola das "árvores e os frutos".[16] "Assim sendo, toda árvore boa produz bons frutos, mas a árvore ruim dá frutos ruins".

E nessa ótica, cada espírito (vós sois deuses) tem o dever de dar conta de sua administração – conforme o sim-

---

14   Ver meu livro *Nascer de novo para ser feliz*, texto 4, 1.ª parte.
15   BOBERG, José Lázaro. *Aprendendo com Nosso Lar*, pp.38/39.
16   Mateus 7:17.

bolismo registrado na *Parábola dos talentos*, de Lucas – ao se aportar, aqui na Terra. "Na tentativa de fazer melhor aos filhos, é comum que pais incorram no erro de projetar sobre eles suas frustrações. Numa tentativa desastrosa de corrigirem os erros que cometeram, depositam fardos sobre os ombros de suas crias. São as expectativas que aprisionam".[17]

Nesse entendimento, querem que eles sejam aquilo que não conseguiram na vida, como por exemplo, formando-se, nesta ou aquela profissão, ou exerçam, esta ou aquela atividade. Outros, ainda, esperam que eles adquiram determinada formação para darem continuidade ao trabalho bem-sucedido dos pais. Isto até é louvável e compreensível. É uma forma de proteger o filho. Pode dar certo, se a vocação (somatória de experiências adquiridas) do descendente for semelhante à deles. Caso contrário, serão seres infelizes, por conta de terem sido "abafados" seus sonhos, impelindo a viver uma vida, que não é a sua.

Da mesma forma que as esposas não processam judicialmente os esposos, exigindo indenização, por impedirem de desenvolverem a si mesmas; também, ocorre com os filhos. É algo "aceitável" pela sociedade, entendendo que se trata de um ato de amor.

Nessa ótica, conheço o caso de um aluno que fez o curso de Direito e, após o recebimento do diploma, entregou-o aos pais e foi ser piloto de avião, pois esse era o seu desejo. Isto é uma ação irresponsável dos pais, querendo que os filhos "não sejam eles mesmos". É por isso que temos de separar as ideias que foram colocadas

---

17   MELO Fábio de. *Quem me roubou de mim?*, p. 74.

em nossa mente e aquelas que são verdadeiramente nossas. As primeiras foram colocadas na consciência por outras pessoas, como os pais, a escola, a religião, influência dos amigos, etc. Afinal, a história evolutiva de cada um é personalíssima! É por isso que devemos deixar que os filhos "sejam eles mesmos", sem qualquer ideia castradora. Cada um de nós é manifestação de um potencial *sui generis*. O propósito da vida não é ser cópia de ninguém. No tempo de maior maturidade, expressaremos o nosso potencial divino imanente. Saberemos, então, distinguir ideias que são cópias dos outros, daquelas que são frutos de nossas experiências.

Lembro-me, após leitura biográfica da famosa Chiquinha Gonzaga, de que ela, no início do século passado, superou todos os preconceitos contra a mulher. Filha natural de Rosa Maria de Lima com o militar de carreira, José Basileu que, mesmo sob forte pressão da família, assumira a criança e a registrara como filha, dando-lhe rigorosa educação.

Mas a música foi a grande paixão de Chiquinha. Estudou regência e iniciou a carreira em 1858, como compositora de polcas. Na então sociedade patriarcal, obedecendo à vontade paterna, casara-se, com apenas 16 anos. O casamento não deu certo; separou-se e, com o filho Gualberto no colo, partiu em busca de vida nova. Assim, seguindo o gosto musical, encontrou-se com o meio boêmio carioca, onde viu deslanchar sua vocação artística. Foi expulsa de casa pelo pai, que dizia: – Isto não é profissão de mulher!

Autora de numerosa e variada obra musical (cerca de oitenta partituras para teatro musicado e mais de duas mil peças menores), criou "Abre alas" (1899), a primeira marcha carnavalesca brasileira e sucesso até os dias de hoje e contribuiu para fixar o cancioneiro popular brasileiro com maxixes, modinhas e o nascente samba urbano.

Essa compositora também teve o mérito de aproximar a música erudita da popular e foi uma das primeiras a introduzir o violão nos salões cariocas. Morreu no Rio de Janeiro e sua prodigiosa vida foi representada por uma minissérie na Rede Globo de Televisão (1999).

Conheço muitos profissionais que, por imposição dos pais, passivamente, foram sequestrados subjetivamente, aceitando o jugo impositivo de quem tinha ascensão sobre eles. Desprezando o poder de ser si mesmos, submeteram-se à imposição e estacionaram sua evolução para agradar a outrem.

Assim, uma reflexão é necessária. Pergunta-se: até que ponto omitimos cultivar uma vida espiritual interior, outorgando a terceiros nossos objetivos? "A lei natural é a lei de Deus. É a única verdadeira para a felicidade do homem. Indica-lhe o que deve fazer ou deixar de fazer e ele só é infeliz quando dela se afasta."[18] Atentemos que "a lei de Deus está gravada na consciência".[19] Ao dirigirmo-nos, pela força espiritual, alinhemo-nos em sintonia com a essência, protegendo-nos de sequestros subjetivos. Afastar-se de sua consciência é deixar ser levado pelas circunstâncias da vida. "Todas as coisas que você faz e que estão em sintonia com seu verdadeiro 'eu' poderão ser consideradas como vida verdadeira. Tudo o que não

---

18 KARDEC, Allan. *O Livro dos Espíritos*, questão, 614.
19 Idem, ibidem, questão 621.

está em sintonia com seu verdadeiro 'eu', não é vida. É apenas 'distração', é apenas existência, não vida."[20]

É nesta leitura que alerta André Luiz,[21] quando de seu despertar na Colônia Nosso Lar: – "não desenvolvera os **germes divinos** que o Senhor da Vida colocara em minhalma. Sufocara-os no desejo contido do bem-estar. Não adestrara os órgãos para a vida nova. Era justo – dizia ele – pois, que despertasse à maneira de aleijado que, restituído ao rio infinito da eternidade, não pudesse acompanhar senão compulsoriamente a carreira incessante das águas. Essas ideias e informações deformadas por educação religiosa errônea, repleta de fantasias, levam a criatura a crer que o cumprimento de algumas regras dogmáticas em sua organização religiosa, garanta-lhe a bem-aventurança, depois da morte física".

---

20   SPOLAOR, Everton Luiz. *Desperte a sua força interior*, p. 37.
21   Ver meu livro *Aprendendo com Nosso Lar*, lição 4, p. 36.

2. Sequestros da subjetividade em outros contextos

2.1. No âmbito das relações profissionais

TAMBÉM NAS RELAÇÕES profissionais ocorre o sequestro da subjetividade, do superior para o inferior hierárquico. Talvez o maior motivo seja a necessidade de se manter o vínculo empregatício, por questão de sobrevivência. Ser autêntico na sua inteireza, nem sempre é o caminho para a fixação num determinado emprego. É óbvio que a autenticidade da identidade pode, muitas vezes, ser a marca para a ascensão no quadro de carreira da empresa.

É perfeitamente normal e saudável que, num contexto organizacional, cada um faça a sua parte dentro de suas limitações, sempre dando o melhor de si. Na divisão de funções de uma empresa, a cooperação de cada empregado é fundamental para o sucesso do todo. Aprende-se nesse trabalho a excluir o espírito de prepotência, entregando-se ao resultado grupal, tão necessário no mundo atual.

"Mas o limiar entre a *pertença* frutuosa, aquela que nos coloca em comunhão com os outros, e o *aniquilamento* do ser, que se caracteriza como renúncia ao que se é para poder pertencer, é estreito. Quando o coletivo prevalece sobre o particular, desconsiderando-o em sua diferença, forçando-o a uma uniformidade que não contempla sua singularidade, massacrando-o em vez de incorporá-lo como parte irrenunciável do todo, é certo que a *subjetividade ficará cativa*".[22]

A presença, com o total desenvolvido, até aquele momento, sem camuflagem, expressa aquilo que somos (nem mais nem menos). Então, quando somos impedidos de manifestar o nosso *eu*, por força de ação coatora externa, como no caso dos "bloqueios" impostos pela autoridade numa relação de trabalho, estamos deixando de ser inteiros. Estamos nos apequenando, agindo sem poder expandir nossos valores potenciais. Isto é estar algemado, não podendo andar para plenificar (ainda que de forma relativa) a nossa plenitude. Isto caracteriza o sequestro, impedindo de dar expansão ao objetivo maior que é a busca da perfeição. Não é isto que nos ensinam os auxiliares de Kardec, ao dizer que "Deus lhes impõe a reencarnação, com o fim de fazê-los chegar à perfeição?"

Entenda aqui, não obstante, não o Deus pessoal, mas as leis do Universo, que são eternas e imutáveis. Neste sentido, Deus não "impõe", mas é uma condição universal de progresso. É a mecânica da evolução inerente a todos os seres; toda barreira imposta por alguém é o mesmo que querer impedir o fluxo natural da água. "As

---

22 MELO, Fábio de, *Quem me roubou de mim?* p. 78.

próprias águas benfeitoras da Natureza, quando encarceradas sem preocupação de benefício, costumam formar zonas infecciosas. Quem vive à cata de compensações, englobando-as ao redor de si, não passa igualmente de avaro infeliz".[23] Não se pode impedir o crescimento de ninguém, pois isto se constitui em crime contra a lei.

O sociólogo Max Weber fez uma distinção entre "autoridade" e "poder". Deixando de lado sua linguagem técnica, diríamos que "poder" é a faculdade de forçar as pessoas a fazer o que o líder quer. Poder está mais relacionado à chefia do que à liderança. É um ato impositivo em que o ser em uma relação laboral, apenas se "submete", sem direito de contestação. Já "autoridade" é a condição de influenciar e levar as pessoas a fazer, de boa vontade, o que o líder compartilha, como sonhos e objetivos. Neste caso, os liderados atingem objetivos comuns com alegria. Não se diz que o verdadeiro líder, cria os seus liderados? Aproveitar as diferenças de cada um para atingir objetivos coletivos, eis a chave do sucesso.

Embora, para influenciar os trabalhadores de uma empresa, se precise de autoridade, a liderança se conquista, pela capacidade de administrar. Diante disto, aqueles que estão galgados à condição de "autoridade" precisam demonstrar espírito de liderança. Nesse entendimento, o que legitima uma autoridade, não é tão somente o cargo, mas a capacidade de conquistar liderados, respeitando o potencial e o limite de cada um. Paulo diz que a autoridade existe para servir.[24] A autoridade só é legítima

---

23 XAVIER, Francisco Cândido/Emmanuel. *Vinha de luz*, lição. 52,
24 Romanos, 13.

quando "serve". "Eu não vim para ser servido, mas para servir", afirmou Jesus.[25], Assim, líderes que usam autoridade para servir, "criam sucessores". Por outro lado, líderes que se servem da autoridade para benefício pessoal são substituídos. Daí o equilíbrio que deve possuir aquele que lidera, oportunizando aos liderados as condições necessárias à expansão de seus potenciais. Esse equilíbrio emocional só a maturidade pode oferecer. É ele que vai nos iluminar para que não massacremos a subjetividade dos que trabalham conosco.[26]

2.2. O sequestro por força do inconsciente coletivo

> Conjunto de sentimentos, pensamentos e lembranças compartilhadas por toda a Humanidade. (Jung).

MUITAS VEZES, SOMOS sequestrados em nossa subjetividade por conta da força dos arquétipos herdados dos ancestrais. Não se trata de "regras atuais" construídas, nesta existência. Eles não são frutos das experiências individuais, pois são herdados da Humanidade, como um todo. Refere-se a um conjunto de sentimentos, pensamentos e lembranças compartilhadas por toda a Humanidade. No dizer de Jung: "O inconsciente coletivo é um reservatório de imagens latentes, chamadas de

---

25   Marcos, 10:45.

26   Com acréscimos, ao texto de Fábio de Melo, no livro *Quem me roubou de mim?* p. 78.

arquétipos ou *imagens primordiais*, que cada pessoa herda de seus ancestrais. Funcionam como centros autônomos que tendem a produzir, em cada geração, a repetição e a elaboração dessas mesmas experiências. A pessoa não se lembra das imagens de forma consciente, porém, herda uma predisposição para reagir ao mundo da forma que seus ancestrais faziam".[27]

Nesse entendimento, eles podem ser caracterizados por comportamentos que emitimos, sem perceber que estamos apenas "imitando" ou "reproduzindo" o que a maioria faz por acreditar ser o mais conveniente ou adequado para a sociedade em que vivemos... Ainda que, no fundo, quiséssemos fazer o oposto, por medo de contrariar esse social, preferimos reprimir o nosso lado pessoal... E é por isso que se deve alimentar pensamento positivo, neutralizando a influência desse "inconsciente coletivo", que é "absorvido" pelo nosso inconsciente individual. Assim, devemos sempre exercitar, ver a vida de um ponto de vista "construtivo". Sei que não é algo espontâneo, mas é uma tomada de atitude que o tempo se encarrega de fixar.

Segundo essa teoria, o ser humano nasce com muitas predisposições para pensar, entender e agir de certas formas. Por exemplo, o medo de cobras pode ser transmitido através do inconsciente coletivo, criando uma predisposição para que uma pessoa as tema. No primeiro contato com uma cobra, o indivíduo pode ficar aterrorizado, sem ter tido uma experiência pessoal que causasse tal medo,

---

27 http://www.pucsp.br/pos/cesima/schenberg/alunos/eduardoaugusto/Incosciente1.htm

e sim, derivando o pavor do inconsciente coletivo. Mas, nem sempre, as predisposições presentes no inconsciente coletivo se manifestam tão facilmente. Também, nessa mesma linha, o medo inconsciente da ação de um Deus julgador, que pode nos mandar tanto para o céu, quanto para o inferno; a salvação ou castigo eterno.

Trazemos, durante a existência atual, em razão das influências sociais, uma série de conceitos nem sempre verdadeiros. Pela imposição, desde o início da formação individual, eles acabam se transformando num "código de leis" para o comportamento pessoal. Reportamos em nosso livro *Prontidão para mudança:* "Os nossos costumes sociais são hábitos adquiridos, impostos pela sociedade em determinadas épocas; apresentam-se 'prontos' e para demonstrar nosso entrosamento ao grupo deixamos, muitas vezes, de expressar a nossa própria personalidade, vivendo o que os 'outros pensam'. Transformamo-nos, na condição de verdadeiros 'homens-cópia', simbolizando o desrespeito por nós mesmos, para, por força da imitação, viver uma vida alheia com desprezo aos nossos próprios potenciais".[28]

É por isso que renascemos na Terra com o objetivo de evoluir, desenvolvendo os nossos potenciais, por esforço próprio, sem querer ser "cópia" de ninguém. Quando o que fazemos nos traz satisfação, independentemente de opinião alheia, estamos vivendo para nós mesmos. "Tudo o que você faz com o intuito de provocar reação de inveja em outras pessoas, de angariar dinheiro, sem qualquer motivação, sacrificando seu tempo e energia,

---

28   BOBERG, José Lázaro. *Prontidão para mudança*, p. 20.

ou simplesmente para matar o tempo, isto é viver para os outros. Quando todas as coisas são feitas com alegria e de forma espontânea, sem interesses mesquinhos, todas essas coisas se tornam fantásticas. O que não podemos fazer é viver somente em função dos outros. Isto conduz o homem ao vazio. Eis uma fonte de ansiedade. Eis o que apaga o nosso fogo interior".[29]

O inconsciente pessoal é representado pelos sentimentos e ideias reprimidas, desenvolvidas durante a vida de um indivíduo. Assim, ocorrem também, com influências dos arquétipos universais, diferenciando-se pela "extensão", no tempo. No caso das influências atuais, elas podem ser detectáveis, porque, em certo momento da vida, questionamos, "por que agimos desta ou daquela maneira?" Rememoramos o porquê de tal comportamento; é possível identificar a fonte, quer pessoalmente, quer com ajuda de profissionais especializados. Pode ser por conta da educação paterna, da fé religiosa, dos professores, do grupo social, entre outros. Com *os arquétipos* do *inconsciente coletivo* não temos como detectar, individualmente, a fonte, em relação aos arquétipos do insconsciente coletivo, já que essas *forças arquetípicas* são imanentes universalmente, e se perderam na noite do tempo.

Não se trata do *consciente pessoal*, construído individualmente, ao longo das existências, com experiências acumuladas no íntimo de cada um. De maneira didática e simples, podemos entender *os arquétipos* do *inconsciente coletivo* como a parte do *inconsciente individual* que resulta da experiência ancestral (do antepassado) da espécie, ou seja, ele

---

29 SPOLAOR, Everton Luiz. *Desperte a sua força interior*, pp. 36-37.

contém material psíquico que não provém da experiência pessoal atual. Jung compara o *inconsciente coletivo* ao ar, que é o mesmo em todo lugar, é respirado por todos e não pertence a ninguém. Ele "aparece" em nosso comportamento, *sutilmente*, sem que dele tenhamos qualquer lembrança de ter sido transmitido por alguém. Trata-se de um código de conhecimento de dados do passado e de todas as vivências comuns que marcaram o psiquismo da coletividade.

O que difere o **consciente** *coletivo*, do **inconsciente** *coletivo* é que o primeiro está relacionado às regras sociais e culturais de determinada sociedade, e numa determinada época em que o indivíduo está inserido; enquanto que o segundo comporta todas as projeções do que o ser humano foi, é, e poderá vir a ser, inerente a todos e tem os *arquétipos como* natureza básica. Os arquétipos presentes no inconsciente coletivo são universais e idênticos em todos os indivíduos. É a partir dele que a consciência nasce e desenvolve, pois o inconsciente coletivo representa apenas "potencialidades". Entre os principais arquétipos estão os conceitos de nascimento, morte, sol, lua, fogo, poder, mãe, Deus julgador, céu, inferno, castigo, perdão, etc., presentes no ser humano em seu comportamento, de forma inconsciente.

Assim, sua presença pode, muitas vezes, bloquear por muito tempo, a racionalidade. Com medo, por exemplo, do "castigo" divino, vive-se uma vida "bloqueada", não se autorrealizando. Esses conceitos arquetípicos estão gravados no inconsciente coletivo como um "código de leis", aceitos pela individualidade como se fossem verdades absolutas. Enquanto presos a este código do inconsciente coletivo, o ser está bloqueado em pensar de forma racional, afastando-se do contato com a sua essência. Tal atitude só será extirpada da conduta, quando, por maior grau de maturidade, transferir esses conceitos do "julgador externo" para si mesmo, criando, pela experiência, leis mais corretas.

Encaixa-se aqui, a importante anotação de André Luiz, na Colônia Nosso Lar, quando diz estar conhecendo um **novo sistema de julgamento**, diferente daquele que tinha em mente (arquetipicamente, é óbvio) e que utilizava. André Luiz, embora "nunca tenha procurado as letras sagradas com a luz do coração", gravara na mente que seria julgado após a morte, por um Tribunal Celeste, pelos erros cometidos na Terra. Aliás, é o que a grande maioria pensa, pois, afinal, é o que as igrejas, de um modo geral, massacram, por verdadeira "lavagem cerebral" em suas pregações, quer nos púlpitos, quer através dos meios de comunicação. Isto interessa como "tática" para algemar o seguidor às suas respectivas crenças.

O repórter da espiritualidade, no entanto, veio contar que "a maior surpresa da morte carnal é a de **nos colocar face a face com a própria consciência (grifamos)...**". E, quanto ao sistema de verificação de faltas cometidas, complementou: "Não me defrontavam tribunais de tortura, nem me surpreendiam abismos infernais; contudo benfeitores sorridentes comentavam-me as fraquezas como quem cuida de uma criança desorientada, longe das vistas paternas". O que lhe doía era apenas a consciência.[30]

Essa anulação é, muitas vezes, algo inconsciente, por conta da tradição dos modelos que se constituem em ar-

---

30   BOBERG, José Lázaro. *Aprendendo com Nosso Lar*, pp. 44-45.

quetípicos sociais. Não percebemos que podemos e devemos, por responsabilidade, fazer resplandecer o potencial imanente. Com outras palavras, mas no mesmo sentido recomendou Jesus "brilhe a vossa luz". Aliás, este é o objetivo da vida. O conhecimento desses arquétipos ajuda-nos, com o despertar de maior maturidade espiritual, a separar até que ponto nos conduzimos, mais em decorrência deles, do que propriamente pela nossa essência. Atentemos que a essência do homem é a sua potencialidade, que pode ser representada, conforme a crença de cada um, por: Reino de Deus em nós, *Christós*, Consciência, leis Universais, Inconsciente, Eu, Grande Voz, etc. A expressão gradual dessa Potência amplia, pouco a pouco, o raio de felicidade no homem. Sincronizar-se com a essência, expressando sua perfeição é a razão de ser do ser humano em seu processo evolutivo.

É neste sentido que Paulo entendeu: "Gravitar para a unidade divina, tal o objetivo da Humanidade".[31] A individualidade se aprimora quando se alinha, vibracionalmente, com a Unidade. Quando as coisas que você faz estão em sintonia com a Essência, está exercendo o seu papel de "ser você mesmo", sem cópia de ninguém. Assim, perguntamos: que comportamento, expressamos, atualmente? Somente de influências externas, mutáveis com o tempo, assimiladas pelo "contato social" atual e das forças universais arquetípicas? Muitas vezes, nem percebemos que expressamos naquele momento, ideias "alheias", defendendo-as, ferreamente, como se fossem nossas! E os potenciais intrínsecos (essência) imanentes

---

31   KARDEC, Allan. *O Livro dos Espíritos*, questão 1.009.

de que somos portadores? Estes representam a "semente" divina, plantada em todo ser humano, que, prioritariamente, deve ser atualizada. Se a semente, quando lançada ao solo, tem que produzir de acordo com sua espécie, enfrentando todos os tipos de obstáculos, da mesma forma, ocorre com a nossa subjetividade. Sem isto não existe evolução; o máximo repetição de experiências alheias. Ora, cada um, em seu grau evolutivo, deve *dar conta* de sua administração. Lembremo-nos de que o Reino de Deus é semelhante a uma "pérola oculta". Trabalhar para "cultivá-la", eis o objetivo de cada espírito no desenvolvimento de sua essência.

Quando expressamos conduta em função dos fatores sociais (atuais e/ou arquetípicos), estamos, mesmo "inconscientemente", externando o ego que, num processo de adaptação social, acaba, muitas vezes, despersonalizando-se. E, nesse caso, estamos sendo sequestrados em nossa subjetividade. É tudo questão de tempo, porque, na realidade, o objetivo do espírito em evolução é ser a expressão do *Christós* (semente divina) em nossa intimidade. "A lei da evolução abrange todos os seres em uma marcha infinita e inexorável do inconsciente ao consciente", afirmou o filósofo grego Heráclito.

2.3. Gnosticismo x sequestro da subjetividade

> *Gnose* é conhecimento superior, interno, espiritual, iniciático, que brota do coração de forma misteriosa e intuitiva, permitindo o encontro do homem com sua Essência Eterna.

À PRIMEIRA VISTA, poder-se-ia perguntar: o que a proposta *Seja você mesmo* – objeto deste livro – tem com o *gnosticismo*? Conforme iremos expor, você verá que o *gnosticismo* é de fundamental importância para compreendermos que *seremos nós mesmos* à medida que sejamos eternos "buscadores" das verdades universais, *ad infinitum*. Não nos algemaremos, de forma definitiva, àquelas "criadas" pelo homem e "atribuídas" a Deus. Afinal, tudo que se diz e se prega sobre a existência de um Criador, um regente da vida, foi idealizado, escrito pelo próprio homem. As religiões aparecem como criações humanas que nascem do esforço do homem para compreender o mundo.

Apenas a título de exemplo, os dez mandamentos de Deus, os atributos que Lhe imputamos, entre outros, nada mais são que "criações humanas" e que, por interesses da classe dominante foram atribuídas a um Criador. Reflita que o Deus "criado" pelo homem é a imagem e semelhança de seu processo evolutivo. Nesta ótica, dissemos em nosso livro, *A oração pode mudar sua vida* que: [...] "o nosso comportamento e atitudes atuais são influenciados pela imagem que temos do Criador. Os nossos objetivos de vida, sem que o percebamos, estão vinculados à ideia que fazemos de Deus, pois, independente de crença religiosa, cada um de nós cria uma imagem d'Ele, o que nos conduz a estágios de felicidade ou infelicidade".[32]

Bem, para que entendamos tudo isso, é preciso entrar no cerne da questão, conceituando, inicialmente, *gnosti-*

---

32   BOBERG, José Lázaro Boberg. *A oração pode mudar sua vida*, p. 25.

cismo. Gnose é uma palavra grega que significa "conhecer" e, *gnóstico* significa "aquele que sabe", ou "o que conhece". Mas não se trata de um conhecimento teórico e empírico, aprendido nos livros, nos institutos educacionais, mas de caráter intuitivo e transcendental. Foi usada para designar um conhecimento profundo e superior do mundo e do homem. O *gnosticismo* é uma corrente filosófica que propugna ensinar seus seguidores a encontrar Deus *dentro de si mesmo*; e a chamada "salvação" – tão erroneamente interpretada no meio cristão – seria um processo pessoal e intransferível, mas que, por interesse de domínio político-administrativo, o grupo dominante desviou o foco desta orientação, transferindo-a para uma instituição religiosa que se arvorou como a única responsável para servir de intermediária entre o homem e Deus.

Os Evangelhos canônicos foram construídos pela Igreja, após o Concílio de Niceia, em 325, de nossa era, por ordem do Imperador Constantino, que incumbiu à custa do Estado, os bispos de igrejas de todo império, o objetivo de elaborar uma fórmula-padrão da fé cristã. Neste intuito, a ligação com Deus se faz somente através de Jesus, ou seja, pela Igreja. Para o *gnosticismo* expresso, principalmente no Evangelho de Tomé, a ligação é pessoal, num processo de sintonia vibracional, dentro de si mesmo, sem a necessidade de terceirização às igrejas organizadas, padres e bispos.

Com a imposição desses Evangelhos, inicia-se a "despersonalização" da criatura que, detentora do *potencial* para "vir a ser", começa a "delegar" a terceiros o seu trabalho pessoal e intransferível, a uma instituição religiosa. A *gnose* é conhecimento superior, interno, espiritual, iniciático, que brota do coração, de forma misteriosa e intuitiva. É a busca do conhecimento – não o intelectual – mas que dá sentido à vida humana, que a torna plena de significado, porque permite o "encontro de si" com a sua Essência Eterna. Sugerimos, para maior compreensão, a leitura de nosso livro O *Evangelho de Tomé – o elo perdido*.

Atente-se para a diferença entre "crer" e "saber". Como visto anteriormente *gnose* significa "conhecer" e *gnóstico*, "aquele que sabe". Quem "crê", não discute a informação, simplesmente, acata; e, quem "sabe", conquista pelas próprias experiências. O Evangelho de João, em oposição ao Evangelho de Tomé, ilustra bem isso, quando diz que somente a "crença" em Jesus leva à "salvação". Impositivamente, afirma: "Quem nele crê não é condenado; mas quem não crê já está condenado". (João, 3:18) Será que é condenado mesmo? Isto é discriminação absurda! E quem não é cristão? O Jesus de Tomé ensina de forma diferente: "Se manifestardes aquilo que tendes dentro de vós (a essência), aquilo vos salvará; se não manifestardes (a essência) vos destruirá (no sentido de estacionar)". O Evangelho de Tomé prega uma ligação pessoal com o Universo, sem a necessidade de igrejas organizadas, padres e bispos.[33]

Muitos padres e bispos se sentiram ofendidos com os *gnósticos* que tinham o seu próprio caminho, tinham a sua própria linha direta, um telefone vermelho com a divindade. Isso não pegou bem com os representantes da autoridade da Igreja. E esse pode ser o motivo de o Evangelho de Tomé ser considerado herético (apócrifo). A in-

---

33   O *Evangelho de Tomé*, logion, 70.

dependência dos *gnósticos* enfraqueceria a hierarquia da Igreja. Eles acreditam que seus próprios evangelhos são tão válidos, senão mais, como os de Mateus, Marcos, Lucas e João. No caso do Evangelho de Tomé, talvez eles estivessem certos.

A título de elucidação ao assunto, trazemos à reflexão algumas diferenças entre religião e espiritualidade.[34]

> A **religião** é para aqueles que necessitam de que alguém lhes diga o que fazer; querem ser guiados.
> A **espiritualidade** é para os que prestam atenção à sua Voz Interior.

> A **religião** tem um conjunto de regras dogmáticas.
> A **espiritualidade** te convida a raciocinar sobre tudo, a questionar tudo.

> A **religião** ameaça e amedronta.
> A **espiritualidade** te dá Paz Interior.

> A **religião** fala de pecado e de culpa.
> A **espiritualidade** te diz: "aprende com o erro".

Quando abandonamos a Essência (força imanente em nós) e nos entregamos, apenas por crença, a um "despachante" de Deus (coordenadores religiosos) na Terra, a condução do crescimento, *consciente* ou *inconsciente*, dá-se o que se chama **sequestro da subjetividade**. Toda *gnose* parte da aceitação firme na existência de um Deus

---

34   Excerto do texto de autoria de Guido Nunes Lopes

(não antropomórfico, pessoal) absolutamente transcendente, existência que não necessita ser demonstrada; é, ao mesmo tempo, um conceito religioso e psicológico, além de científico, filosófico e artístico. A partir dessa visão, o significado da vida aparece como uma transformação e uma visão interior, um processo ligado ao que hoje se conhece como psicologia profunda.

Esta Força Imanente na criatura – razão de ser da evolução – foi transferida, por conta de interesses humanos a um utópico Deus externo. Já citei em outros livros, mas vale a pena ratificar o pensamento do filósofo ROHDEN, quando afirma: "A concepção dualista de que Deus seja alguma entidade justaposta ao Universo, algo fora do cosmo, algum indivíduo, alguma pessoa, é certamente a mais **primitiva** e **infantil** de todas as ideologias humanas". (**grifos nossos**).[35]

Ora, o Absoluto está "disponível" dentro de você. É com Ele o seu contato direto. Se O abandona, procurando caminho fácil de evolução, está, na realidade, transferindo responsabilidade a outrem, e adiando sua própria evolução, porque efetivamente *ninguém pode aprender por você*. Um dia, quando a maturidade lhe permitir, você deverá voltar a buscar o seu veículo no ponto em que o estacionou. Nenhum Deus externo pode curar o homem, porque esse Deus externo é mera ficção. No dizer de Jesus, "Vós podeis fazer o que eu faço e muito mais".[36] Qualquer atitude do mestre, considerada "milagrosa" é por falta de conhecimento das leis da natureza. Não pe-

---

35 ROHDEN, Huberto. *Cosmoterapia*, p. 147.
36 João, 14:12.

çais ao espiritismo prodígios, nem milagres, porquanto ele formalmente declara que os não opera.[37]

Para Jung, muitos gnósticos nada mais eram do que psicólogos. A gnose é, indubitavelmente, um conhecimento psicológico, cujos conteúdos provêm do inconsciente. Ela chegou às suas percepções por meio de uma concentração da atenção sobre o chamado "fator subjetivo", ou seja, o acionamento de nossa subjetividade, que consiste, empiricamente, na ação demonstrável do inconsciente sobre a consciência. Assim se explica o surpreendente paralelismo da simbologia gnóstica com os resultados a que chegou a psicologia profunda.

Concordamos com Hermínio Miranda quando afirma: "Uma corrente gnóstica ressurgida agora, com as características básicas que floresceu entre os anos 120 e 240, poderia facilmente ser identificada com o espiritismo, por exemplo, com muitos pontos superpostos, algumas divergências e umas poucas discordâncias, mas não seria jamais caracterizada como heresia espírita ou cristã. Seria uma corrente de especulação filosófico-religiosa, como qualquer outra. Poderia até suscitar debates e controvérsias, mas não assumir as proporções de uma perigosa *heresia do conhecimento*".[38]

A corrente filosófica do *cristianismo gnóstico* propugna que o ser encontre Deus *dentro de si mesmo* – e não lá fora – não se deixando ser sequestrado, por quem quer que seja. Precisamos do inter-relacionamento social, pois, sem ele, não cresceríamos, mas é preciso analisar,

---

37   KARDEC, Allan. *O Evangelho segundo o Espiritismo*, cap. XXI, item 7.

38   MIRANDA, Hermínio Correa. *O Evangelho gnóstico de Tomé*, p. 43.

até que ponto estamos sofrendo "sequestros subjetivos", ao invés de expressarmos a Essência... A alavanca da sustentação dos atos enobrecedores está em nós, mas, somente se for manejada por nós. Somos detentores do livre-arbítrio. Então, o gnosticismo é uma fonte filosófica que nos inspira à busca da perfeição, alinhando-se com a Essência, que é a semente divina em cada ser. Portanto, para dar contas de sua administração perante as leis do Universo, **seja você mesmo!**

2.4. O sequestro por afastamento da essência

> Buscai, antes de tudo, o reino de Deus e sua justiça
> – e todas estas coisas vos serão dadas de acréscimo.
> (Mateus, 6:33).

O ENSINAMENTO DE Jesus de Nazaré, com relação à citação de Mateus, no capítulo acima, leva o intérprete do Evangelho a fixar-se na ideia de **justiça divina,** comparando-se com a aplicação humana, tal como ocorre nas lides forenses e no inter-relacionamento social entre as criaturas. Em meu livro *O segredo das bem-aventuranças*,[39] ao interpretar "psicologicamente", a promessa, "Bem-aventurados os que têm **fome e sede de justiça**, porque eles serão fartos," (Mateus, 5:6) comentamos: "quando esta promessa é analisada superficialmente, expressa, à primeira vista, um sentido de apreensão, em que a alma

---

39 Sugiro a leitura de minha obra, *O segredo das bem-aventuranças*, texto 1.4, 1.ª parte.

anseia que seus direitos usurpados (sequestrados) por terceiros, sejam-lhe restituídos".

Assim, ter *fome e sede de justiça*, do ponto de vista terreno, é aguardar a resposta da justiça humana, em face de determinada ação injusta de seu adversário. Saliente--se, todavia, que a justiça terrena será também sempre relativa ao estágio de maturidade da Humanidade. As leis são elaborações humanas, tendo base nas convenções e padrões estabelecidos pela sociedade, em constante transformação, com o objetivo de proporcionar segurança e bem-estar aos seus cidadãos.

Nesse desenho, aquele que se sente ofendido *grita* por justiça, deseja *punição*, quer ver a condenação do ofensor. Doutras vezes, quando a justiça humana falha, a criatura transfere esta *fome* e *sede de justiça* para Deus, confiante de que Ele (sentido figurado) fará o julgamento, agora – nesta existência – ou, depois da morte. No fundo, quem espera a aplicação da justiça de Deus, está querendo que o outro seja punido.

As pessoas querem um modelo de justiça divina que seja semelhante a sua forma de exercê-la; imaginam que há uma ira celestial semelhante à dos homens, e aqueles que conseguem se safar das malhas da justiça humana, serão julgados pela justiça divina. É comum ouvir, diante de ações consideradas injustas: "Do castigo de Deus ele não escapa!"; "vai receber a punição que merece!"... "Deus tarda, mas não falha!"... Será que justiça divina funciona assim, mesmo?

Assim, quando se percebe que algo ruim está acontecendo ao infrator, que escapou das penas da lei humana, interpreta-se que Deus já está encaminhando o sofrimento merecido; diante de tragédias ambientais inexplicáveis (*tsunamis*, enchentes, furacões, etc.) com a morte em massa de seres humanos, vem a célebre pergunta: "Onde estava Deus naquela hora, para permitir tamanho sofrimento?"

Perfilhamos com o pensamento do filósofo ROHDEN, quando afirma que, "Nos livros sacros a palavra dikaiosyne (justiça) nada tem a ver com a nossa justiça, mas significa "justeza", o correto ajustamento entre os homens e Deus, a harmonia entre o consciente finito e a Consciência infinita. Por isto usamos a palavra "harmonia" em vez de justiça". Só estabelecendo a "harmonia" com o Universo é que temos condições de que "todas essas coisas" sejam acrescentadas, ou seja, as coisas materiais de que o ego tem necessidade. Todas essas coisas resultam da harmonia do *eu* com o Todo. O que ocorre é que, diante da imaturidade espiritual, preferimos "acomodar" no que os outros disseram, perdendo, por consequência, o contato com a subjetividade, lá onde a Luz brilha infinitamente. Eis aí objetivado *o sequestro* de nosso *eu*.

O que é, afinal, quando se está em harmonia com a essência, ter, por consequência, a conquista de *todas essas coisas*? Primeiro, vejamos o contexto do ensinamento, constante na citação de Jesus, em Mateus. "Buscai em primeiro lugar o reino de Deus e a Sua justiça, **e todas essas coisas vos** serão dadas **por acréscimo**".[40] Veja o que o texto de Mateus fala sobre "todas essas coisas" serão dadas por acréscimo, isto é, não é necessário que o homem as conquiste afanosamente, que corra freneticamente atrás dessas coisas, mas todas "essas coisas" da vida material e so-

---

40   Mateus, 6:33.

cial lhe serão oferecidas gentilmente pela lei da harmonia cósmica. É uma consequência da harmonia com as leis do Universo. Quando estamos bem, outras portas se abrem...

Construamos, pois, o nosso eu, entendendo que o passo para tal objetivo é entrar em harmonia (alinhamento vibracional) com a Essência. Essa harmonia é conquista pessoal e nunca por "força externa". As fontes externas nos ajudam; trazendo-nos sugestões, mas a harmonização com o Universo é decisão pessoal; cada um a seu tempo, pois, mesmo que você "pense" que sua conquista foi obra de Deus, entenda que, na realidade, quem faz acontecer tudo em sua vida é você mesmo. Você tem o poder. Você tem a semente d'Ele, e sua responsabilidade perante as leis do Universo é desenvolvê-la. Essa construção infinita que amplia, gradativamente, a felicidade.

2.5. Sócrates e o sequestro da subjetividade

> Qual o meio mais eficaz para nos melhorarmos nesta vida e resistirmos às solicitações do mal? Um sábio da antiguidade (Sócrates) vos disse: "Conhece-te a ti mesmo." (Q. 919, de *O Livro dos Espíritos*).

A IDEIA DE que a força não está fora, mas dentro de cada um, mereceu análise esclarecedora de Sócrates – filósofo grego, século V, antes de Cristo –, quando alertava que todos são portadores da força interior, e que ninguém pode interceder, discriminadamente por alguém. Diante de um desastre, quando apenas um se salva, logo vem o "sabereta" religioso afirmando categoricamente: Foi

Deus quem me salvou... Mas e os outros, não são igualmente merecedores de tal salvação? A construção dessa força constituiu o processo pedagógico, a que Sócrates deu o nome de *maiêutica*.

No sentido geral, as religiões se colocam na posição de "ponte" para o "céu", tal qual um despachante oficial de Deus. Creem, como verdade absoluta na inserção dos construtores do cristianismo, do "decreto", no qual Jesus "teria" entregado a Pedro as chaves do reino de Deus. "E eu te darei as chaves do reino dos céus; e tudo o que ligares na Terra será ligado nos céus, e tudo o que desligares na Terra será desligado nos céus".[41] Trata-se, afirmam os pesquisadores dos Evangelhos de Jesus, de uma escancarada "acomodação" textual, para nomear, retroativamente Pedro como papa, pois Jesus não instituiu uma Igreja ou igrejas, nos moldes como construíram Paulo e outros apóstolos.

Veja que, nesse versículo, Jesus está falando diretamente a Pedro e indiretamente aos outros apóstolos. As palavras de Jesus significam que Pedro "teria" o direito de entrar no reino e teria autoridade geral, aqui simbolizada pela "posse de chaves". O pregar do Evangelho seria a forma de abrir o reino do céu a todos os "crentes" e fechar o reino para os "descrentes". Ora, o objetivo da vida é o aperfeiçoamento contínuo, sem castigo algum, pois errar faz parte do livre-arbítrio. O livro de Atos nos mostra como esse processo funciona. Através do seu sermão no dia de Pentecostes [42] Pedro abriu a porta do rei-

---

41   Mateus, 16:19 e 18:18.
42   Atos, 2:14-40.

no pela primeira vez. As expressões "ligar" e "desligar" eram comuns à fraseologia judaica e significam declarar proibido ou declarar permitido.

O texto de Mateus chega a afirmar que, "o que se liga na Terra liga no céu", entre o ser e um "utópico" Deus pessoal, imaginado pelas criaturas. Trata-se, sem dúvida, de uma montagem fantasiosa a serviço da Igreja. Por isso, nessa leitura, o ser se apaga, esquecendo-se de que ele é o construtor de seu destino, entregando-se a uma "força" espiritual externa, que pode ser Deus, Jesus, Espírito ou o Espírito Santo – divisão teológica da Doutrina da Trindade.

Neste prisma, perde a responsabilidade de administração de seu *eu* e passa a crer que alguém vai resolver-lhe os seus problemas. Ora, você é sempre o construtor de sua vida! Esse conceito é fruto de uma cultura atávica milenar de que o homem é eterno "pecador", e só será "salvo" por uma força exterior a ele. Ao invés de ser independente, passa a ser sequestrado por ideias da teologia. Criticando essa postura, Richard Dawkins, autor de *Deus é um delírio*, comenta: "O Universo e a vida têm complexidade suficiente. Não precisamos importar a complexidade inventada da teologia".[43]

Não precisa ser por nenhuma instituição, ou por nenhum "salvador", porque o contato com a Energia Maior ocorre com a busca de Deus, na intimidade. O Jesus de Tomé ensina que "há uma luz dentro de cada pessoa, e ela ilumina o universo inteiro. Se ela não brilha, há tre-

---

43   Entrevista à *Revista Veja* de 28 de maio de 2015.

vas".[44] Esta luz interior é a identificação da criatura com o seu Criador, pela sintonia vibracional, em si mesmo. Difere-se, diametralmente, do texto de João que advoga o encontro com Deus (pessoal, portanto) através de Jesus e da Igreja, por um processo de "religação". A pesquisadora Elaine Pagel informa que: "Quando se viaja para os Estados Unidos vemos cartazes com as palavras de João nas igrejas locais: *Eu sou o caminho, a verdade e a vida. Ninguém vai ao Pai a não ser por mim.* Seu propósito é claro: por indicar que só encontramos Deus por meio de Jesus, o escrito, no contexto contemporâneo, implica que **o fazemos pela igreja**". E as outras concepções religiosas que não seguem Jesus? Seus membros não encontrarão Deus? Coisas de Teologia!

"Quem conhece o Universo, mas ignora a si mesmo, conhece muitos nadas; mas quem conhece a si mesmo, conhece a sua alma, que é também a alma do Universo. Realizar-se é conscientizar-se de 'Deus em si mesmo' e conscientizar-se de 'Deus no Universo'". "Realizar-se é universificar-se".[45] Jung, na sua psicologia analítica, criou a figura do *self*, que traduziremos por "si mesmo", que é um centro virtual entre o consciente e o inconsciente, assegurando para a personalidade o alicerce novo e mais sólido. Encontrar "a si mesmo" representa o ponto de apoio de qualquer projeto de vida. Ao despertarmos para a existência dessa FORÇA interior, descobrimos que nós somos os responsáveis pelo desenvolvimento de nós mesmos.

Quantas vezes você já ouviu ou leu a lapidar frase

---

44   Logion 24.
45   ROHDEN, Huberto. *O quinto evangelho, apóstolo Tomé*, p. 96.

"Conhece-te a ti mesmo"? Dizem que Sócrates construiu sua filosofia a partir dessa inscrição, gravada na entrada do templo de Delfos. "Conhece-te a ti próprio e serás imortal". Será imortal aquele que "conhecer a si mesmo". Aquele que conhece a si mesmo desperta para a imortalidade da alma. A autorreflexão expressa no "conhece-te a ti mesmo", põe o homem na procura das verdades universais que são o caminho para a prática do bem e da virtude. Em *O Livro dos Espíritos*, Allan Kardec pergunta ao espírito Santo Agostinho: – Qual o meio mais eficaz para nos melhorarmos nesta vida e resistirmos às solicitações do mal? Ao que ele responde: – Um sábio da Antiguidade – referindo-se a Sócrates – vos disse: Conhece-te a ti mesmo.[46]

Você, certamente, já dedicou algumas horas de sua vida procurando "conhecer a si mesmo". Será que você já não teve algumas noites de insônia, analisando-se a si mesmo? Você tem um monte de coisas e um manancial inesgotável de virtudes! Reconheça-as e traga-as para a superfície! Você tem qualidades que poucas pessoas têm. Não acredita? Permita a si mesmo fazer uma comparação com alguém que você admira muito. Um ídolo da juventude, de preferência, mais de um. Seguramente você encontra em você algumas qualidades que eles não possuem. Valorize suas qualidades. Você levou milênios para adquiri-las.

Como sustentação nesta filosofia, Sócrates criou no seu processo de ensino a *maiêutica*, que significa "dar à luz", "fazer nascer" "parir" o conhecimento, (em grego significa "arte de partejar"). Tem seu nome inspirado na

---

46 Questão 919, de *O Livro dos Espíritos*.

profissão de sua mãe, que era parteira. É um método ou técnica que pressupõe que a verdade está latente em todo ser humano, podendo aflorar aos poucos, na medida em que se responde a uma série de perguntas simples, quase ingênuas, porém perspicazes.

Do todo exposto, o filósofo foi um precursor da filosofia da força interior em todos os seres humanos. Toda vez que desprezamos esse PODER estamos sendo "sequestrados em nossa subjetividade", por forças exteriores.

2.6. Ser sequestrado ou tornar-se pessoa?

> A principal missão do homem, na vida, é dar luz a si mesmo e tornar-se aquilo que ele é potencialmente.
>
> **Erich Fromm**

O FILÓSOFO ERICH Fromm em suas elucubrações filosóficas percebeu que cada ser é portador de um potencial interno *ímpar*, sem *xerox* de ninguém, podendo, no entanto, por imaturidade, *estacionar* "temporariamente", não compreendendo, ainda, que o objetivo da encarnação é, prioritariamente, a busca eterna da perfeição de si mesmo, sem cópia de ninguém. Assim, abandonar "a si mesmo" é crime contra a própria evolução, conforme prescreve a lei do progresso. Neste desenho, afirmamos: "O progresso é uma lei da natureza, cuja ação se faz sentir em tudo no Universo, não tendo, portanto, o homem poderes de obstar-lhe. Só é infeliz quando dela se afasta".[47] Por meio

---

47   Q. 614 de *O Livro dos Espíritos*.

de experiências milenares, o espírito vivencia a própria evolução árdua e trabalhosa, desenvolvendo, assim, esses germes divinos.

Embora o espírito tenha a mesma natureza da Essência Divina, ele deverá desenvolver o potencial por si mesmo. Ninguém pode fazer isso por você. Crescimento espiritual não se terceiriza... Ainda que recebamos sugestões externas da religião, dos pais, dos amigos, dos professores, você é a única pessoa que pode revolucionar a sua vida, que pode influenciar a sua felicidade, a sua realização e o seu sucesso. O Universo não põe limites. Você é a única pessoa que estabelece limites. Assim, a pessoa mística diz: "estou aguardando para ver o que Deus reserva para mim". Ora, a Inteligência Suprema age sempre através da lei, eterna, ilimitada e infinita; assim, o que será reservado para você é o que propõe. Você é o que você pensa!

Fala-se muito na necessidade da reforma íntima, mas esta não tem término; deve ser um *continuum* infinito na ascese evolutiva, com vistas à perfeição permanente. "Assim como o que nasce da planta é uma semente que terá que desenvolver-se e não uma árvore já grande; assim como de um animal adulto nasce um filhote minúsculo, que terá que crescer; assim como do homem nasce uma criancinha pequenina, que terá que desenvolver-se e aprender (e não outra criatura adulta), assim também, a lei natural é a mesma em todos os planos, compreende-se que foi estabelecido que o espírito fosse criado 'simples e ignorante' para, então, por si mesmo, desenvolver-se".[48]

---

48   PASTORINO, Carlos Juliano Torres. *Sabedoria do Evangelho*, vol. 1, p. 25.

Ao espírito é reservada a construção de si mesmo. Ele traz em si a *perfectibilidade*, já que possui o *germe* da perfeição. O progresso é inerente a todos os espíritos, mas o seu avanço é personalíssimo. Ninguém, mas ninguém mesmo, pode ocupar o lugar de outrem na espiral evolutiva. "Pela liberdade de *fazer* ou *não fazer*, cada um tem a responsabilidade de trabalhar pelo seu adiantamento, com maior ou menor atividade, com mais ou menos negligência, segundo sua vontade, acelerando ou retardando o progresso que lhe aumentará a felicidade".[49] É nesse sentido que, para *tornar-se pessoa*, "a principal missão do homem, na vida, é dar luz a si mesmo e tornar-se aquilo que ele é potencialmente" (Erich Fromm).

Ocorrendo o contrário, estamos sendo "sequestrados" em nossa subjetividade, mesmo que, temporariamente. Pare um pouco e pense: será que estou administrando o meu crescimento? Ninguém é igual a ninguém... Cada um é responsável em ativar o seu potencial divino. Isto é "tornar-se pessoa", é "tornar-se você mesmo". Essa é a sua responsabilidade perante as leis do Universo.

Nessa caminhada evolutiva, é óbvio que ora erramos, ora acertamos. Quando acertamos, solidificamos a aprendizagem, quando erramos criamos novas estratégias e, com o tempo, aprendemos, fixando-se o aprendizado na rede neural. Alguns aprendem mais depressa, dependendo de pré-requisitos. Desde o útero materno, recebemos diversas informações do meio por pessoas do nosso convívio, principalmente de nossos pais, que são nossas

---

49 *Da moral social às leis morais*, de minha autoria, texto 7, Lei do progresso.

primeiras referências. Tais informações, juntamente com características genéticas, formam a nossa personalidade.

Ensina-nos o Evangelho de Mateus, na parábola dos talentos que cada um de nós traz ao nascer, determinados valores, frutos de experiências em existências anteriores, conquistados através dos erros e acertos. Uns trazem mais, outros menos, tudo conforme as conquistas pessoais. Assim é que podemos afirmar que todas as ações são legítimas, mesmo que ilícitas, porque derivam do livre-arbítrio. A parábola simboliza essa evolução, ao dizer que um senhor, ao viajar, entrega aos seus três serviçais, quantidades diferentes de talentos (e responsabilidades), de acordo com a capacidade de cada um. "A um deu cinco talentos, a outro, dois e a outro, um, a cada um segundo a sua própria capacidade; e, então, partiu."[50]

Na realidade, é simbólica essa partição, sendo ela tratada como "doação" de Deus; no entanto, ela é conquista pessoal. São valores que trazemos ao nascer, de acordo com maior ou menor aprendizagem. É óbvio que, sendo assim, cada um presta contas à própria consciência – onde estão instaladas as leis de Deus e Sua Justiça – daquilo que se fez. O certo é que cada ser deve maximizar esse potencial, por esforço próprio. O crescimento é constante e, eventuais erros são testes de despertamento para que o ser refaça estratégias, continuamente, na busca da transformação. Não há limites para a evolução. Quem limita, como afirmamos alhures, é você mesmo!

"O esforço individual estabelece a necessária diferen-

---

50   Mateus, 25:15.

ciação entre as criaturas, mas a distribuição das oportunidades divinas é sempre a mesma para todos. Indiscriminadamente, todas as pessoas recebem possibilidades idênticas de crescimento mental e elevação ao campo superior da vida. "Todos somos *santuários do Deus vivo*".[51] O Universo sempre conspira a nosso favor, oferecendo-nos oportunidades, mesmo que, diante da imaturidade espiritual, estejamos surdos, para descobrirmos os valores que nos são próprios, reintegrando-nos no santuário de nós mesmos, para o reencontro sublime com a Divindade.

Recebemos, pela *internet*, um vídeo[52] com interessante reflexão, interpretada pelo ator Flávio Galvão, focando exatamente esse PODER imanente de que todos somos detentores em nosso santuário interior. Colocando em ação essa FORÇA de que somos portadores, por herança divina, maximizamos, no tempo devido, o potencial para sermos pessoa.

Diz o texto:

> A comédia O TODO-PODEROSO mostra como seria Deus se desse ao homem comum, seus poderes divinos.
>
> As pessoas querem que **EU FAÇA TUDO** por elas, mas não se dão conta de que elas têm o **PODER**.
> Você quer um milagre, filho? Seja o milagre!
> Independente de qualquer religião ou crença a mensagem ficou clara neste trecho do filme: as pessoas

---

51 XAVIER, Francisco Cândido/Emmanuel. *Vinha de luz*, lição 138.
52 Para solidificar o aprendizado você deverá assistir a este vídeo acessando o site www.youtube.com/watch?v=jTFF2PxU_yE (cole e transporte para o seu computador).

não percebem que elas têm o **PODER,** ou seja, você já nasce com ele, basta saber usar.

Nascemos com o livre-arbítrio, que é o poder de decidir, escolher o que é melhor para nós e, essa escolha tem a ver com o tempo.

Eu sei, parece um clichê, mas dizem que a mais lamentável de todas as perdas, é a perda de tempo e eu concordo com isso.

A vida é tão curta e o tempo passa tão rápido, não é mesmo?

Mário Quintana falou mais ou menos o seguinte:

Quando se vê, já são seis horas!

Quando se vê, já é sexta-feira...

Quando se vê, já é Natal...

Quando se vê, já terminou o ano...

Quando se vê, nossos filhos cresceram

Quando se vê, já se passaram 30, 40, 50 anos...

E aí? Aí fica tarde, o sol se põe... Nas costas ficam dias, meses, o ano, os filhos, a vida...

Qual o legado deixado? Não deu tempo!

Pode ser outro clichê, mas gosto muito da frase:

Quem mata o tempo, não é assassino, mas sim um suicida..., mata a si mesmo e aos sonhos de muitos que estão ao seu lado, de muitos que virão...

A maturidade nos ensina alguma coisa. A primeira delas é construir todas as suas estradas no hoje, porque o futuro vencedor dependerá dessa sua decisão.

Muitos dos que estão lendo essa mensagem têm a liberdade de usar o seu tempo de forma que lhes convém, por isso são autodisciplinados e, assim sendo, procuram fazer escolhas certas dentro dos limites, dentro das regras, não é mesmo? Porque gerenciar a vida é uma questão de escolha. Não se pode perder tempo, escolhendo, por exemplo, RECLAMAR e AMALDIÇOAR sua sorte, ao invés de encarar o sol da manhã no rosto e ver as oportunidades que aparecem...

Os que assim fazem têm sorte, são reconhecidos pelo aproveitamento do tempo...

São dos que deixam marcas, legados...

Esses homens e mulheres autônomos escolhem o sol, que vemos pela frente, porque o sol da tarde queima. A autonomia é sinônimo de autoconsciência, de autodeterminação, não a favor do próprio crescimento, mas do crescimento de sua companhia, da sua consciência, da sua família.

Preparem-se, encham-se de sabedoria. Façam um pacto com o tempo. Usem a seu favor.

Então, vão em frente, sorriso no rosto e firmeza nas decisões. Deixem a sua **marca**.

Você quer um milagre? Seja um milagre.

E aí, já assistiu? Bem, então, vamos em frente. Compreendeu, agora, o sentido de "ser pessoa?" Nada vem de graça. A vida é um desafio permanente, despertando-nos para o crescimento. Sem ele, estacionaríamos. Quem estaciona age na contramão da evolução. Um dia tem que retomar a caminhada, onde parou o crescimento. Não se iluda, ninguém pode terceirizar o seu processo de "ser pessoa"... Não desista nunca! Você é a única pessoa que pode se iluminar... Não deixe que terceiros **sequestrem** a sua missão terrena. Afinal, você tem a FORÇA! Você já nasce com ela!

2.7. Sequestro dos germes divinos

> Enfim, como flor de estufa, não suportava agora o clima das realidades eternas. Não desenvolvera os germes divinos que o Senhor da Vida coloca em minh'alma. (*Nosso Lar*, p. 18).

EM NOSSO LIVRO *Aprendendo com Nosso Lar* – baseado em obra de André Luiz, psicografada por Chico Xavier – trouxemos à reflexão a comparação referida por ele, para todos aqueles que, por "imaturidade", ou por "desdém", não cuidaram de plenificar, mesmo que de forma relativa, o potencial divino da alma. Criou André, então, para melhor compreensão, a metáfora "flor de estufa", para demonstrar sua frágil condição espiritual, construída na Terra, ao se defrontar com a nova situação, em espírito, diante das verdades eternas no interior da Colônia *Nosso Lar*.

Para que entendamos o simbolismo da expressão, primeiro conceituemos o que são "estufas", muito utilizadas hoje, principalmente na agricultura. São estruturas com o objetivo de acumular e conter o calor, tendo por meta manter a temperatura maior no seu interior que ao redor. Sua fonte de calor é o sol, normalmente, utilizada para cultivar plantas, verduras, legumes, entre outros. O aquecimento dá-se, essencialmente, porque a corrente de ar é suprimida, mantendo-se, assim, de forma **artificial**, a atmosfera para cultura de plantas.

É nesse sentido que se comparava a uma *flor de estufa*, pois, "não suportava agora o clima das realidades eternas. Não desenvolvera em si os germes divinos que o Senhor da Vida colocara em sua alma". Então, no plano espiritual, defrontando-se com as realidades eternas, onde se acentua a verdade do ditado popular de que, o que se leva desta vida é a vida que a gente leva; sem quaisquer malabarismos, sentia-se tal como "flor de estufa", crescida de forma artificial. Um vazio tomava-lhe a alma, naquele momento. Faltavam recursos espirituais para se adaptar à nova situação. Em assim refletindo, reconheceu que "não desenvolvera os **germes divinos** que o Senhor da Vida colocara em sua alma". Sufocara-os no desejo contido do bem-estar. Não adestrara os órgãos para a vida nova.

Era justo – dizia ele – pois, que despertasse à maneira de aleijado que, restituído ao rio infinito da eternidade, não pudesse acompanhar senão compulsoriamente a carreira incessante das águas. As ideias e informações deformadas pela educação religiosa errônea, repleta de "fantasias", levam a criatura a crer que o cumprimento de algumas "regras dogmáticas" em sua organização religiosa, garanta-lhe a bem-aventurança depois da morte física. Ledo engano... Nesse clima de desarmonia emocional clamava, "O grande rio tem seu trajeto, antes do mar imenso. Copiando-lhe a expressão, a alma percorre igualmente caminhos variados e etapas diversas, também recebe afluentes de conhecimentos, aqui e ali, avoluma-se em expressão e purifica-se em qualidade, antes de encontrar o *Oceano Eterno da Sabedoria*".[53]

Da mesma forma que o rio atinge o mar porque "aprendeu" a contornar obstáculos, a alma percorrendo os mais diversos caminhos e as mais tortuosas adversidades,

---

53   XAVIER, Francisco Cândido/ André Luiz. *Nosso Lar*, p. 11.

aprende, paulatinamente, a sintonizar-se com esse *Oceano Eterno da Sabedoria*, no altar íntimo. Na consecução deste objetivo, a reencarnação é o processo indispensável para o progresso do espírito. Sem ela é impossível o espírito adquirir experiências, superar obstáculos, eliminar imperfeições, para, gradualmente, aproximar-se do Absoluto.

No dizer de André Luiz, seria extremamente infantil a crença de que o simples "baixar o pano **de uma única reencarnação"**, **(acrescentamos)** resolvesse transcendentes questões do Infinito. Uma existência é um ato. Um corpo, uma veste. Um século, um dia. Um serviço, uma experiência. Um triunfo, uma aquisição. Uma morte, um sopro renovador. "Algo me fazia experimentar a noção de tempo perdido, com a silenciosa **acusação da consciência.** Habitara a Terra, gozara-lhe os bens, colhera as bênçãos da vida, não lhe retribuíra ceitil do débito enorme".[54]

Quando nosso repórter espiritual lamentou que, na Terra, "não desenvolvera os germes divinos que o Senhor da Vida colocara em sua alma", referia-se à *semente* divina em evolução, presente em todas as criaturas, o material de ordem sublime do superconsciente, que todos temos de conquistar, gradualmente. À medida que o livre-arbítrio amadurece, mais consciência tomamos dessa responsabilidade. Assim, a evolução é meta que a criatura deve perseguir, infinitamente, para alcançar a felicidade. A omissão do ser em relação a esse objetivo não acarreta, evidentemente, "castigo" de Deus, como as religiões apregoam insistentemente, mas, tão somente, consequências. Mesmo porque, o desenvolvimento des-

---

54   Idem, ibidem, pp. 17-18.

sa semente é sempre gradativo, progressivo e relativo ao grau de entendimento.

Estamos trazendo à reflexão essas experiências de André Luiz, na Colônia "Nosso Lar" para que avaliemos o quanto somos *sequestrados*, sem mesmo o percebermos, em nossa *subjetividade* pelas atrações das convenções humanas, omitindo os valores reais do espírito. Entenda-se, não obstante, esse "rio infinito da eternidade", como a vida do espírito perante o mundo cósmico Universal.

Cada um de nós tem que dar conta dos potenciais íntimos. É bom que se esclareça que não é a conquista de bens materiais, pelo trabalho honesto que proporciona conforto a si e aos familiares, que seja motivo de desespero. Pode-se *ter* e *ser* ao mesmo tempo. Quando os valores cultivados estão voltados tão-somente ao *ter* – *conquistas provisórias* – obviamente, que um dia teremos necessidade do *ser* – *conquistas definitivas*.

A ausência dos valores eternos deixou André sem resistência no enfrentamento da realidade espiritual. Daí por que – repetimos – a expressão *flor de estufa*, empregada por ele. Para que não nos defrontemos em igual situação, procuremos analisar nossas atitudes hoje, porque fatalmente enfrentaremos a mesma reação, quando fora do corpo físico.

2.8. O sequestro dos objetivos reais da vida

> Ai do mundo por causa dos escândalos, porque é necessário que venham escândalos, mas ai daquele por quem o escândalo vier! – Mateus, 18:7.

QUANDO DESENVOLVÍAMOS ESTE trabalho sobre o *sequestro da subjetividade* produzido "por forças exteriores", defrontamos, em nosso grupo de estudos, com uma lição de Emmanuel, através de nosso Chico. Deu o que pensar, pois se "encaixa" plenamente nos objetivos a que nos propomos, nesta reflexão. Reporta ele, a importância do escândalo[55]. No Evangelho segundo Mateus (18:7) está anotado: "Ai do mundo por causa dos escândalos, **porque é necessário que venham escândalos**, mas ai daquele por quem o escândalo vier!" **(destaque nosso).** O texto enfatiza a necessidade dos escândalos, porque eles são "despertadores" de nossa consciência, quando ainda "dormimos" inoperantes diante da responsabilidade da vida.

As nossas imperfeições são corrigidas através do defrontar com ações contrárias às leis de Deus. Sabe-se que toda ação contrária à lei não produz castigo, mas consequências. Nesse caso, o escândalo é útil porque nos obriga a voltar a sintonizar com o caminho correto, desprezando ações negativas que nos acarretam infelicidade e estacionamento no processo evolutivo. Tudo por experiência pessoal e no tempo de entendimento.

Em *O Evangelho segundo o Espiritismo*, esta citação de Mateus também é comentada pelo codificador. No sentido vulgar, *escândalo* se diz de toda ação que, de modo ostensivo, choca a moral ou as regras da sociedade, de maneira evidente, que atrai as atenções. O escândalo não está na ação em si mesma, mas na repercussão que possa ter. A palavra *escândalo* implica sempre a ideia de certo arruído. Muitas pessoas se contentam com evitar o

---

55 *Livro da esperança*, lição 20, "No domínio das provas".

escândalo, porque este lhes faria sofrer o orgulho, lhes acarretaria perda de consideração da parte dos homens. Desde que as suas torpezas fiquem ignoradas, é quanto basta para que se lhes conserve em repouso a consciência. São no dizer de Jesus (Mt., 23-27): "sepulcros branqueados por fora, mas cheios, por dentro, de podridões; vasos limpos no exterior e sujos no interior".

"É preciso que haja escândalo no mundo, porque imperfeitos como são na Terra, os homens se mostram propensos a praticar o mal, e porque, árvores más, só maus frutos dão. Deve-se, pois, entender por essas palavras que o mal é uma consequência da imperfeição dos homens e não que haja, para estes, a obrigação de praticá-lo."[56]

Nessa mesma linha de pensamento, trazemos à colação o texto de Emmanuel:

> Imaginemos um pai que, a pretexto de amor, decidisse furtar um filho querido de toda relação com os revezes do mundo.
>
> Semelhante rebento de tal devoção afetiva seria mantido em sistema de exceção.
>
> Para evitar acidentes climáticos inevitáveis, descansaria exclusivamente na **estufa**, durante a fase de berço e, posto a cavaleiro de perigos e vicissitudes, mal terminada a infância, encerrar-se ia numa cida-

---

56 KARDEC, Allan, *O Evangelho segundo o Espiritismo*, cap. VIII, item 13.

dela inexpugnável, onde somente prevalecesse a ternura paterna, a empolgá-lo de mimos.

Não frequentaria qualquer educandário, a fim de não aturar professores austeros ou sofrer a influência de colegas que não lhe respirassem o mesmo nível; alfabetizado, assim, no reduto doméstico, apreciaria unicamente os assuntos e heróis de ficção que o genitor lhe escolhesse.

Isolar-se-ia de todo o contato humano para não arrostar problemas e desconheceria todo o noticiário ambiente para não recolher informações que lhe desfigurassem a suavidade interior.

Candura inviolável e ignorância completa.
Santa inocência e inaptidão absoluta.

Chega, porém, o dia em que o genitor, naturalmente vinculado a interesses outros, se ausenta compulsoriamente do lar e, tangido pela necessidade, o moço é obrigado a entrar na corrente da vida comum.

Homem feito sofre o conflito da readaptação, que lhe rasga a carne e a alma, para que se lhe recupere o tempo perdido, e o filho acaba, enxergando insânia e crueldade onde o pai supunha cultivar preservação e carinho.

A imagem ilustra claramente a necessidade da encarnação e da reencarnação do espírito nos mundos inumeráveis da imensidade cósmica, de maneira a que se lhe apurem as qualidades e se lhe institua a responsabilidade na consciência.

Dificuldades e lutas semelham materiais didáticos na escola ou andaimes na construção; amealhada a cultura, ou levantado o edifício, desaparecem uns e outros.

Abençoemos, pois, as disciplinas e as provas com que a Infinita Sabedoria nos acrisola as forças, enrijando-nos o caráter.

Ingenuidade é predicado encantador na personalidade, mas se o trabalho não a transfigura em tesouro de experiência, laboriosamente adquirido, não passará de **flor preciosa** a confundir-se no pó da terra, ao primeiro golpe de vento. [57]

A história de Sidarta Gautama, conhecido como Buda, materializa bem essa lição de Emmanuel. Fora criado nas muralhas do palácio sem contato com o sofrimento, lá fora. O pai tomou as precauções e ordenou que se realizassem todas as diligências para que o jovem príncipe apenas conhecesse a riqueza, a beleza, a saúde, a alegria, o conforto, o bem-estar... Assim cresceu ele, rodeado de todos os cuidados e luxos dignos da sua condição de nobre e sucessor do trono. No entanto, já jovem, Sidarta começa a questionar-se, como seria a vida fora das muralhas do seu palácio. Pediu permissão ao pai para sair e ver o que

---

57 XAVIER, Francisco Cândido. *Livro da esperança*, lição 20.

havia para lá delas, para averiguar como vivia o seu povo, o povo que um dia ele iria governar. Lá fora encontrou a fome, a pobreza, a doença e o sofrimento das criaturas.

Perplexo e assustado com o panorama observado, o jovem foi invadido de grande compaixão, questionando-se sobre o sentido da vida. A condição humana pareceu-lhe um completo absurdo, uma mentira, uma ilusão. De que valeria a juventude, a riqueza, a sua própria condição de nobre, e até mesmo a saúde da juventude, se mais tarde ou mais cedo estaria sujeito ao sofrimento, à doença, à decadência e à morte. Que Deus seria esse que sujeita os Seus filhos a tão monumental miséria e humilhação?

Sidarta manifestou vontade de encontrar a solução para este enigma, aparentemente cruel e absurdo da vida, de um Deus que cria seres para sujeitá-los ao sofrimento consoante as suas escolhas. Lembrando-se das palavras do sábio, que o orientava, quase em pânico e sem saber o que fazer, o pai proibiu-o de deixar o palácio e deu ordens para que impedissem o jovem príncipe de abandonar o palácio.

Não obstante as intenções do pai, Sidarta conseguiu fugir do palácio e ingressou num grupo de ascetas, pessoas que, tendo renunciado a todos os prazeres e posses do mundo, vivia na floresta, praticando desprezo e mortificações no corpo, em busca da libertação do sofrimento e do ciclo das reencarnações. Após vários anos de meditação, compreendeu que o martírio do corpo não era bom para alcançar o conhecimento superior. A via correta era o caminho do meio, ou seja, entre o extremo ascetismo e o culto exagerado da sensualidade e paixões.

Começou, então, a alimentar-se, abandonando os longos jejuns que quase o levaram à morte. Quando foi visto a alimentar-se, pelos ascetas, rejeitaram-no, acusando-o de quebrar os seus votos. Sidarta readquiriu a saúde e continuou a sua busca sozinho. Após longas meditações, desenvolvendo e aprofundando a sabedoria, colhida de vários mestres espirituais e das escrituras sagradas hindus – os Vedas –, alcança a chamada Iluminação, estado de consciência e conhecimento superior. Passou a chamar-se "Buda", que significa "o Iluminado" ou "o Desperto". Algum tempo depois, começou a pregar a sua doutrina aos seus ex-colegas ascetas, que o tinham abandonado, mas que reconheceram, agora nele, a meta já atingida.

Então, deixou de ser "sequestrado" pelo mundo, encontrando respostas à sua iluminação em si mesmo. Veja que nós, também somos chamados, no momento da maturidade, a ativar a semente divina que existe em nós, alcançando, assim, gradativamente, a felicidade em proporção cada vez maior.

2.9. Crime por não termos sido nós mesmos

> O que apavora é que me venha indagar: Sussya, por que não fostes Sussya? (Nilton Bonder, *Código penal celeste*, p.43).

VOCÊ JÁ PENSOU, algum dia, que podemos cometer crime perante a lei Universal, por conta da "omissão" aos objetivos da vida? Quando você deixa de "ser você mesmo", para ser "cópia" dos outros, está fugindo do seu papel, que é o de ser autor de seu crescimento, já que "o objetivo na encarnação, é chegar à perfeição" (OLE, 132). Esta é a lei natural do progresso, independente de crença religiosa.

O escritor Nilton Bonder, em seu livro *Código penal celeste*, traz interessante descrição sobre a ansiedade de um rabino, diante de seus discípulos, nos momentos finais de sua vida. O fato ilustra bem o tema sobre o *sequestro da subjetividade* – neste caso, por força da religião – objeto de nossas reflexões, neste livro. Bonder *dá a essa história o nome de Crime por não sermos quem somos.* Bem, vamos à narrativa:

> Em seus momentos finais de vida, Reb[58] Sussya estava agitado. Seus discípulos, tomados de reverência e temor, estavam perturbados com a agonia do mestre.
>
> Perguntaram: "Mestre, por que estás tão irrequieto"?
>
> – Tenho medo – respondeu.
>
> – Medo do quê, mestre?
>
> – Medo do Tribunal Celeste!
>
> – Mas tu, um mestre tão piedoso, cuja vida foi exemplar, a que temerias? Se tu tens medo, o que deveríamos sentir nós, tão cheios de defeitos e iniquidades?
>
> – reagiram surpresos.
>
> – Não temo ser inquirido por que não fui como o profeta Moisés e não deixei um legado de seu porte... Posso me defender dizendo que não fui Moisés porque não sou Moisés. Nem temo que me cobrem

---

58 Rabino judeu

por não ter sido Maimônides[59] e não ter oferecido ao mundo a qualidade de sua obra e pensamento... Posso me defender de não ter sido como Maimônides, porque não sou Maimônides.

O que apavora é que me venham a indagar: Sussya, *por que não fostes Sussya?*

Atentemos que é preciso, antes, esclarecer que, na realidade, não existe um Tribunal Celeste de julgamento. Trata-se de um sentido alegórico, sobre o julgamento divino, criado pelos homens. Todo julgamento se dá em nível de consciência, onde está inscrita a lei de Deus, conforme informaram os espíritos auxiliares de Kardec.[60] Então, a preocupação de Sussya era mesmo com o Tribunal de sua consciência, quando esta viesse a lhe cobrar por que ele deixou de *ser ele mesmo?*

---

59   Considerado unanimemente o maior dos pensadores judeus medievais, Maimônides exerceu grande influência tanto no meio hebraico como fora dele, e procurou conciliar os princípios religiosos com o conhecimento fundado na razão. Moisés bem Maimon, conhecido como Maimônides, nasceu em Córdoba, na Andaluzia, em 30 de março de 1135. Pertencia a uma ilustre família de eruditos e, em idade ainda tenra, já assombrava seus mestres com a amplitude e profundidade de seu saber. A ocupação da Andaluzia pela seita dos almôadas, em 1148, pôs a comunidade hebraica na situação crítica de abraçar a fé islâmica ou abandonar a cidade. Durante os 11 anos seguintes a família de Maimônides escondeu sua religião até mudar-se para Fez, no norte da África. Logo, porém, se viu obrigada a emigrar de novo, para em 1165 estabelecer-se no Egito. Ali viveu Maimônides o resto da vida, dedicado aos estudos talmúdicos e filosóficos e ao exercício da medicina, em que se distinguiu a ponto de ser chamado a integrar a corte do sultão Saladino.

60   Q. 621, *de O Livro dos Espíritos.*

Há ainda, contado pelo mesmo autor, a história de outro rabino[61].

> Vieram cobrar do rabino Dzikover o motivo pelo qual ele diferia dos caminhos de seu pai, que fora fundador de uma dinastia de rabinos. Ele respondeu: "Não é verdade. Eu faço exatamente como o meu pai: ele nunca imitou ninguém e eu também nunca imitei ninguém. Somos iguais".

Cometemos crimes "contra nós mesmos", quando deixamos de cumprir nossa obrigação para com as leis do Universo. Ora, cada espírito tem a responsabilidade no tempo de entendimento, de maximizar sua *potencialidade, dar luz a si mesmo. É o convite de Jesus de Nazaré:* "Brilhe a vossa luz!" (Mt. 15:16). É o sentido do ensinamento: Ajuda-te que o céu te ajudará!... É preciso que o pedido seja justo, de acordo com as leis de Deus; não uma omissão, de ausência da vida, ociosamente... Entregar nas mãos de Deus, sem nada fazer é "ausentar-se" da vida, é querer que as coisas aconteçam, "milagrosamente", sem esforço pessoal.

No entanto, ligados à lei do Universo, confiando e trabalhando, certamente teremos a resposta daquilo de que necessitamos. A faísca divina detentora de toda potência da Matriz, está sempre disponível em nossa intimidade. "Eu estou no Todo e o Todo está em mim". É nesta ótica que o profeta maior, Isaías, ensina-nos, simbolicamente: "Ele dá força ao cansado, e multiplica as forças ao que

---

61 Bonder, *Nilton. Código penal celeste*, p. 81.

não tem nenhum vigor. Os jovens se cansarão e se fatiga-rão, e os moços certamente cairão; mas os que esperam no Senhor renovarão as forças, subirão com asas como águias; correrão, e não se cansarão; caminharão, e não se fatigarão." [62] Aqui, o sentido de "Ele dá", na realidade, é conquista de cada um, desenvolvendo a si mesmo. O que recebemos do Universo é apenas a potência, o resto é por nossa conta!

Para que não haja hipocrisia, o espírito – vale dizer, novamente – tem que *ser ele mesmo*, sem camuflagens, porque, quem imita comete crime de omissão, que quer dizer, *ausência*, e atenta contra a centelha divina imanen-te. Jesus de Nazaré, segundo as anotações de João, disse: "Se me amais, observareis os meus mandamentos".[63] Na realidade, estava ele se referindo às leis de Deus, grava-das não só nele, mas, em todos nós. Disse também que o primeiro de todos os mandamentos é "amar a Deus". Se imitarmos atitudes de quem ama a Deus, ou, repetirmos os formalismos religiosos, almejando conseguir benefí-cios, estaremos, na realidade, "mentindo" a nós mesmos. Quer dizer, não amamos a nós mesmos, a ponto de nos desprezar, esquecendo-nos de que temos todas as possi-bilidades para iluminar a nós mesmos!

Quando orarmos, sintonizemos efetivamente com Deus, através de Suas leis, falando mentalmente dos nos-sos anseios, de nossos problemas e de nossas crises. É uma conversa íntima, coloquial, nos aposentos da alma, tal como o filho confidencia ao pai terreno. Mas nunca

---

62   Izaias, 40:31.
63   João, 14:21.

queiramos "copiar" ninguém, pois cada um alcança seus objetivos pautados em sua própria história, fruto de longas experiências pessoais, na trajetória evolutiva. Somos seres do Universo, diferentes, obviamente, uns dos outros. Quando estamos *ausentes* da própria trajetória para plagiar os outros, cometemos "crime de *ausência*, por não sermos nós mesmos". Aliás, podemos dizer que se trata de crime de *omissão*, quando paralisamos o nosso roteiro, para viver o de outras pessoas; por mais difícil que seja, ele é nosso, faz parte de nossa trajetória. Aquele que for fiel no pouco, terá maiores responsabilidades, conforme a simbologia da parábola dos talentos. O que você prefere: o comodismo de acatar ideias alheias, ou ser você mesmo?

2.10. Sequestro da subjetividade pela obsessão

> Qualquer que seja o tipo de obsessão, quer causada por transtornos orgânicos ou psíquicos, quer por influência tão somente dos espíritos, acarreta um roubo ou **sequestro da subjetividade**, impedindo a pessoa de ser ela mesma!

QUANDO SE FALA em obsessão, principalmente no meio espírita, a primeira ideia que vem à mente é aquela em que a pessoa está "dominada" por uma entidade má. É muito comum ouvir-se a expressão: "fulano é um obsediado", querendo com isso dizer, que ele está envolvido por um espírito inferior. Para clarificar, didaticamente, o conceito de **obsessão**, veja alguns sentidos que podem ser empregados:

Na linguagem comum – tem sentido de "apego exagerado" a um sentimento ou uma ideia desarrazoada (não racional, dominada pela emoção); impertinência excessiva; ideia fixa, mania, perseguição constante, obstinada; querer sempre a mesma coisa. Veja se você identifica alguém que conhece, ou mesmo, situações que, em algum momento, já passou por alguns desses comportamentos. Assim, ter compulsão por sexo, ou revistas e filmes pornográficos; filmes de terror; consumo, sem necessidade; fixação de ideia em alguma coisa (diz-se que a criatura "só pensa naquilo!"); comida (come exageradamente); trabalho (compulsão ao trabalho); ciúme – pode desenvolver de forma patológica, dando origem a uma **neurose obsessiva**. Exemplo: A obsessão dele por ela chegou a um ponto tão grave que ele comprou um apartamento no mesmo prédio dela.

Que são compulsões? São rituais de comportamentos repetitivos ou atos mentais que a pessoa se sente compelida a executar para diminuir ou eliminar a ansiedade ou o desconforto associado às obsessões ou em virtude de regras que devem ser seguidas rigidamente. São atos voluntários realizados em resposta às obsessões, com a intenção de afastar ameaças (contaminação, a casa incendiar), prevenir possíveis falhas ou simplesmente aliviar um desconforto físico. São comportamentos claramente excessivos, aos quais o indivíduo não consegue, na maioria das vezes, resistir. É como se estivesse preso em uma teia de aranha.

Veja, por exemplo, o caso do **TOC**. Você já ouviu falar? Certamente que sim, pois é uma desordem emocional muito comum nos dias atuais. Trata-se de um

transtorno obsessivo-compulsivo. É importante frisar, no entanto, que os sintomas descritos como causados por esse tipo de obsessão são diferentes do conceito espírita (sem interferência dos espíritos), podendo ser consequências de distúrbios psiquiátricos conhecidos. Recomenda-se a avaliação por profissional da área, pois nem toda perturbação emocional tem origem na participação dos espíritos em nossas vidas, sendo sempre importante a averiguação médica de suas origens. Isso não exclui, obviamente, por consequência, a "atração de espíritos" por conta dos distúrbios psicológicos. Sempre há "possibilidade" – por uma série de fatores –, mas não "necessariamente", de que se atraiam espíritos na mesma faixa vibracional.

Você deve conhecer muitas pessoas que são envolvidas por essas compulsões: "lavar as mãos repetidas vezes" para proteger-se de germes ou contaminação; "verificar repetidamente" a porta, as janelas, gás, fogão, para eliminar dúvidas e ter certeza; "alinhar os objetos" para que fiquem simétricos ou na posição exata; "acumular ou armazenar objetos" sem utilidade e não conseguir descartá-los; "repetições diversas": tocar, olhar fixamente, bater de leve, raspar, estalar os dedos ou as articulações, sentar e levantar, entrar e sair de uma peça, que nem sempre são precedidos por uma obsessão.

Compulsões podem ainda fazer parte do quadro clínico de outros transtornos psiquiátricos, como o comer compulsivo, transtornos do controle de impulsos (compulsão por arrancar cabelos, roer unhas, beliscar-se), compulsões para comprar, adição a drogas ou álcool, jogo patológico. Nesses casos não são executadas em razão de medos ou para afastar uma ameaça, mas para obter prazer ou satisfação.

Conceituemos, então, obsessão, nos campos abaixo:

> **Na medicina** – perturbação causada por uma ideia fixa que leva o doente à execução de determinado ato.
>
> **Na teologia** – Perseguição "diabólica", sugestão atribuída à influência do "demônio".
>
> **No espiritismo** – Ação persistente que um espírito mau exerce sobre um indivíduo, apresentando caracteres muito diversos, desde a simples influência moral, sem perceptíveis sinais exteriores, até a perturbação completa do organismo e das faculdades mentais.[64]

Independentemente de ser espírita ou não, as *obsessões anímicas* (auto-obsessão) são causadas por uma influência mórbida residente na "mente" do próprio paciente. Por causa de vícios de comportamento, ele cultiva, de forma doentia, pensamentos que causam desequilíbrio em sua área emocional. É, assim entendendo, que Kardec orienta a não nos deixar envolver pela ideia fixa de que "tudo" é de responsabilidade dos espíritos obsessores, como sói acontecer.

Queremos sempre ser vítimas, nunca autores do desequilíbrio. "É preciso notar que muitas vezes, se atribuem aos espíritos maléficos de que não são causa; uns estados mórbidos e outras aberrações, que se atribuem a motivos

---

64   KARDEC, Allan, *O Evangelho segundo o Espiritismo*, cap. 28, item 81.

ocultos. É manifestação do espírito **do próprio indivíduo** (grifos nossos). As contrariedades que se concentram, os pesares causados por amor, principalmente, dão ensejo a atos excêntricos; seria erro levá-los à conta de obsessões". "Pode muitas vezes ser-se obsessor de si próprio".[65] É fácil, né? Daí afirmar Kardec: "Reconhece-se o verdadeiro espírita pela sua transformação moral e pelos esforços que faz para dominar suas más inclinações".[66]

Repetindo, há, assim, os casos de obsessão que não são causados por influenciação de uma entidade externa, mas devidos simplesmente ao espírito do próprio indivíduo, por *transtorno psicológico. São causadas por uma influência mórbida residente na mente do próprio paciente. Por causa de vícios de comportamento, ele cultiva de forma doentia pensamentos que causam desequilíbrio em sua área emocional.* São as chamadas *obsessões anímicas* ou *auto-obsessão*, pois, pode a criatura ser, muitas vezes, "obsessora de si mesma". Apresenta-se como uma disfunção que ocorre em um indivíduo e está associada com angústia e diminuição da capacidade adaptativa e uma resposta que não é culturalmente esperada.

No caso dos transtornos mentais, a catalogação do tipo de doença é feita na ciência médica pelo **CID** (Classificação Internacional de Doenças). Quando você vai, por exemplo, requerer uma licença para o tratamento de saúde, o médico abre um livreto, e lá transcreve o **CID** daquela doença. Assim, para o nosso caso específico das obsessões, por transtorno mentais, interessa-nos o **CID,**

---

65   Idem, *Obras Póstumas*, § VII, Manifestação dos espíritos.
66   Ver nosso livro *Peça e receba – o Universo conspira a seu favor*, p. 35.

item F44.3 que define estado de transe e possessão como "transtornos caracterizados por uma perda transitória da consciência de sua própria identidade, associada a uma conservação perfeita da consciência do meio ambiente. Devem aqui ser incluídos somente os estados de transe involuntários e não desejados, excluídos, portanto, aqueles de situações admitidas no contexto cultural ou religioso do sujeito. Ficam excluídas dessa classificação: **esquizofrenia** (F20) e a **intoxicação** por uma substância psicoativa (F10-F19) com quatro caracteres comum, síndrome pós-traumática (F07.2) e transtorno(s) orgânicos da personalidade (F07.0) e transtornos psicóticos agudos e transitórios (F23)".

Este item está classificado no CID sob P n.º **F44**, Transtornos dissociativos ou de conversão, que por sua vez "se caracterizam por uma perda parcial ou completa das funções normais de integração das lembranças, da consciência, da identidade e das sensações imediatas, e do controle dos movimentos corporais". Os diferentes tipos de transtornos dissociativos tendem a desaparecer após algumas semanas ou meses, em particular quando sua ocorrência se associou a um acontecimento traumático.

A evolução pode, igualmente, se dar para transtornos mais crônicos, em particular paralisias e anestesias, quando a ocorrência do transtorno está ligada a problemas ou dificuldades interpessoais insolúveis. No passado, estes transtornos eram classificados entre diversos tipos de "histeria de conversão". Admite-se que sejam psicogênicos, dado que ocorrem em relação temporal estreita com eventos traumáticos, problemas insolúveis e insuportáveis, ou relações interpessoais difíceis. Os sintomas traduzem, frequentemente, a ideia que o sujeito faz de uma doença física. O exame médico e os exames complementares não permitem colocar em evidência um transtorno físico (em particular neurológico) conhecido.

Mas você, como espírita, poderia perguntar: "Puxa, para mim, a obsessão foi sempre causada pelos espíritos!". Com apoio em Kardec, na questão 459 de *O Livro dos Espíritos*, quando questiona seus interlocutores espirituais, perguntando: os espíritos influenciam em nossos pensamentos e atos? Ao que eles responderam: Muito mais que imaginais, pois, **de ordinário** são eles que vos dirigem. Afinal, não é isso que a doutrina espírita ensina? Na 2ª parte deste livro quando tratarmos especificamente do *sequestro da subjetividade por causas internas* (gatilho da memória, autofluxo e janelas da memória), voltaremos ao assunto, fornecendo maiores detalhes sobre esse tipo de obsessão, ligada a problemas psíquicos da mente. Vale a pena encetar um estudo sobre o assunto para que não se troquem "alhos por bugalhos".[67]

Então, em relação à pergunta acima, feita pelo codificador, dizemos nós: Sim, eles participam de nossas vidas. Vivemos num mundo de energias e pelos pensamentos sintonizamos com todos aqueles que estão na mesma frequência vibratória. Mas daí, concluir que tudo é "influência do espírito obsessor" é desconsiderar os avanços da medicina, da psicologia, além de tudo do que a própria doutrina ensina em outros momentos. Kardec recomendou que se acompanhasse a ciência ou o espiri-

---

67 Expressão utilizada quando trocamos uma coisa por outra ou relacionar algo como vinculado a outro algo erroneamente.

tismo ficaria ultrapassado. "Podemos afirmar que, **nem** todas as doenças humanas são desencadeadas pela ação malévola de um espírito, contudo, nas doenças psiquiátricas, há sempre um processo obsessivo, pois a condição mental da doença abre "fendas" que vão propiciar a entrada em sintonia do encarnado com o plano inferior, determinando o aparecimento da obsessão".[68]

Assim, originariamente, tudo fica por conta do livre-arbítrio, cabendo a cada um fazer suas escolhas. Consequentemente, se tudo que ocorresse conosco fosse de responsabilidade deles (os espíritos), seríamos meros "marionetes", sem qualquer poder de decisão pessoal. "O livre-arbítrio se desenvolve à medida que o espírito adquire conhecimento de si mesmo. Já não haveria liberdade se a escolha fosse determinada por uma causa independente da vontade do espíritos".[69] É muito cômodo colocar tudo nas costas dos espíritos, não é mesmo?... Isto é chamado de "vitimismo". Separando, neste prisma, a ideia única de que todo estado de espírito em desequilíbrio é causado por uma entidade exterior, André Luiz alerta-nos que: "Sempre que você experimente um estado de espírito tendente ao derrotismo, perdurado há várias horas, sem causa orgânica ou moral de destaque, **avente** a hipótese de uma influenciação espiritual sutil". **(destaque nosso)**[70]

Na afirmação de André Luiz, ele não fecha questão de

---

68   Dr. Roberto Lúcio Vieira de Souza. Artigo: Transtornos mentais e obsessão (disponível na internet).

69   KARDEC, Allan. *O Livro dos Espíritos.*

70   XAVIER, Francisco, VIEIRA Waldo, pelo espírito André Luiz. *Estude e viva*, texto influenciações espirituais sutis.

que tudo o que ocorre seja por influência dos espíritos, "aventando" apenas como uma "possibilidade", uma "hipótese" de influência espiritual. "O homem pode, muitas vezes, ser obsessor de si mesmo", lembrando a afirmação de Kardec, já referida. Trata-se de uma auto--obsessão causada pelas ideias fixas criadas pelo próprio indivíduo. Alguns estados doentios e certas aberrações que se lançam à conta de uma causa oculta, derivam do espírito do próprio indivíduo. São, muitas vezes, doentes da alma.

Quando abrimos a porta da mente, atraímos, por sintonia, quem está na mesma faixa vibracional. Você sabia que tudo no Universo funciona à base da "frequência"? E que você tem a sua própria frequência por conta de seus pensamentos? É nesta ótica que, para fugir da influência dos maus espíritos, orienta Kardec que "o meio é muito simples, porque depende da vontade do homem, que traz consigo o necessário preservativo. Os fluidos combinam pela semelhança de suas naturezas; os dessemelhantes se repelem; há incompatibilidade entre os bons e os maus fluidos, como entre o óleo e a água".[71]

"Nesse entendimento podemos mudar nossas vidas, mudando a frequência de nossas vibrações mentais. O que vivemos hoje em nossa vida é o resultado do que pensamos e sentimos. Desde que nos tornamos espíritas, sempre ouvimos o ditado que 'o plantio é livre, mas a colheita é obrigatória'. Isto quer dizer, não importa o teor de seu pensamento, o Universo conspira sempre a seu favor, seja bom, seja ruim. Veja a tremenda 'encrenca' em que

---

71   *A Gênese*, cap. XIV, item 21.

nos colocamos, quando desejamos mal aos outros... Quem planta, colhe. Não se iluda!".[72] A fórmula ideal para a libertação de todas as algemas obsessivas é "dar novo **pasto** à mente pelo estudo que eleve e consagrar-se em paz ao serviço incessante é a fórmula ideal para libertar-se de todas as algemas".[73]

É preciso, pois, mudar a maneira de pensar. Você poderia responder, "mas isso é muito difícil!" Não tenha dúvida, mas é o único caminho, e só se alcançará no tempo de cada um, conforme a maturidade adquirida. Não se preocupe, todos chegarão lá, é da lei. Se os pensamentos são equivocados, os sentimentos serão errados e a combinação entre pensamentos e sentimentos forma o caráter pessoal.

Podemos nos transformar pela reconstrução do pensamento. É o que recomenda Paulo[74]: "Transformem-se pela renovação da mente". Além de reconhecer os pensamentos distorcidos, devemos corrigi-los e substituí-los por pensamentos corretos e verdadeiros, sintonizando-nos com as leis naturais (chamadas de leis de Deus), sempre disponíveis, bastando-nos criar condições de recipiência íntima, para que consigamos o alinhamento com a Fonte. E, para tanto, devemos substituir pensamentos negativos por pensamentos positivos.[75]

Então, podemos ter obsessões causadas por:

---

72 BOBERG, José Lázaro. *Peça e receba – o Universo conspira a seu favor*, texto 2: O Universo quântico.

73 XAVIER, Francisco Cândido/Emmanuel. *Pensamento e vida*, lição 27.

74 Romanos. 12.2.

75 Reflita sobre essas leis, em nossos livros: *Leis de Deus – eternas e imutáveis* e *Da moral social às leis morais*.

1. Transtornos mentais e psicológicos
2. Influências tão só dos espíritos
3. Causa mental com a "possibilidade" da presença de espíritos que vibram na mesma faixa de sintonia.

Quanto ao primeiro tipo de obsessão, voltaremos ao assunto na 2ª parte deste livro, quando abordaremos o **sequestro da subjetividade por conta de forças internas**. Para aprofundar, no caso da obsessão de caráter espírita, sugerimos ao leitor que, quanto ao 2º e 3.º tipos sejam estudados, como fonte primeira, *O Livro dos Médiuns*, de Allan Kardec – que traz um capítulo inteiro sobre o assunto – bem como as outras obras doutrinárias de vários respeitados escritores espíritas. Em *passant*, informamos que, quanto aos tipos possíveis de obsessão, a doutrina espírita apresenta uma classificação em três graus de intensidade crescente, a saber: obsessão simples, a fascinação e a subjugação. O tratamento da obsessão espírita é feito nas casas espíritas.

Quando, porém, os desequilíbrios são causados por distúrbios psiquiátricos conhecidos, recomenda-se a avaliação por profissional da área. No início de minha mediunidade, presenciei na casa espírita que frequentava, por falta de conhecimento dos dirigentes, colocarem um cidadão que tinha *epilepsia* na mesa para "desenvolver mediunidade", crendo que, com essa atitude, com o tempo seria curado. Atente para o alerta do codificador de que, "muitos epiléticos e loucos têm sido tomados por possessos. Necessitam mais de médicos do que de exorcismos".[76]

---

76   *O Livro dos Médiuns*, 474.

Neste entendimento, é preciso separar o que são causas orgânicas e psíquicas da obsessão de ordem espiritual. Numa, o tratamento é de ordem médica; na outra, porém, é de ordem espiritual. "A cura real de qualquer paciente, reside na sua transformação moral para melhor, porquanto pode recuperar a saúde física, emocional e mesmo psíquica, no entanto, se não aceitar a responsabilidade de se autoiluminar, logo enfrentará novos problemas e situações desafiadoras"...[77]

2.11. Sequestro pelas religiões

> Deus age sempre através de leis, e você é livre para escolher o caminho que quiser – errando ou acertando – sem qualquer condenação. (do autor)

O CONTEXTO RELIGIOSO é altamente perigoso para a subjetividade. "A autoridade religiosa, quando não exercida com responsabilidade pode ser geradora de claustros e dependências. Com uma agravante. O cativeiro é interpretado como 'vontade de Deus'. Quando orientadas por autoridades religiosas imaturas e despreparadas, muitas pessoas assumem a infelicidade como um projeto divino. A flagelação da essência, a renúncia equivocada do que se é, tudo como forma de agradar a Deus". (Fábio de Melo, opus cit. pp. 75-76).

Para o ser, detentor do livre-arbítrio, a "vontade de Deus" é a sua própria "vontade". Na realidade, essa von-

---

77 FRANCO, Divaldo Pereira/Joanna de Ângelis – *Conflitos existenciais*, p. 165.

tade de Deus só é expressa através de Leis Naturais (no espiritismo é chamada de Leis de Deus), sendo eternas e imutáveis. O Universo acata o que você pensa. Adaptar-se, continuamente, a essas Leis é a chave do processo evolutivo. Nesse continuum, acata-se a ideia popular de que se está "agradando a Deus". Na verdade, você está agradando a si mesmo, pela sintonia espiritual com essas Leis.

Atente-se que a religião, embora seja "vendida" como criação divina, na verdade, é coisa do homem mesmo. Nas mais diversas culturas foram organizadas por homens sábios e inspiradas por espíritos, mas não propriamente por Deus. Se você ficar preso a essas "palavras de Deus", sem o poder de pensar por si mesmo, não crescerá espiritualmente, adiando o seu processo evolutivo. É claro que a religião pode melhorar a saúde promovendo práticas saudáveis de vida, melhorando o suporte social, oferecendo conforto em situações estressantes e de sofrimento e até alterando substâncias químicas cerebrais que regulam o humor e a ansiedade, produzindo um relaxamento psíquico dos seus adeptos.

E a vivência da espiritualidade orientada pela religião parece ser um fator psicossocial e até biológico benéfico na recuperação das doenças físicas e mentais.

O sequestro da subjetividade, por força das religiões, ocorre de forma sutil e inconsciente; no geral, agimos sem perceber que fomos "doutrinados", desde a infância por crenças religiosas, cada qual com suas particularidades. Uma vez doutrinados, comportamo-nos como se nossas atitudes fossem verdades absolutas, quando, na realidade, somos a expressão de um "código de leis", in-

98 | José Lázaro Boberg

trojetado imperceptivelmente, dirigindo-nos a conduta. Quantos comportamentos e atitudes são tomados, sem darmos conta de que, para mudar, exige-se alinhamento com as leis naturais. "O homem só é infeliz quando dela se afasta"[78]. Um dia, no tempo de cada um, a criatura "cai em si" – como ocorre, simbolicamente, com o filho pródigo, de Lucas, na sua volta para casa, e pergunta[79]: Por que estou agindo assim? Tem fundamento esse meu comportamento? É, quando, então, "cai a ficha": "Não, isso não é verdade, apenas fui formatado assim". É a partir desse momento que você se libera de certas "amarras", que, na realidade, são sequestros da subjetividade. É quando se dá o *insight*: Eu posso mudar a hora que quiser... Que alívio, eu sou o único que pode criar a própria vida!...

Nota-se que, em muitos casos, o grau de "dependência" é tão grande, que o crente costuma transferir as suas decisões para uma religião; quando se está nesse ponto, dá-se aí o roubo (sequestro) da vontade, de tal forma que a lavagem cerebral é tão forte que a criatura não decide sobre si mesmo. Já ouvi vários religiosos, ainda dependentes, dizerem: "Vou aguardar para ver o que Deus reserva para mim!" Tem-se, neste momento, a morte do livre-arbítrio, já que o poder de decisão é lançado para fora, deixando de deliberar por si mesmo. Isso não lhe parece estranho?

Ora, Deus age sempre através de leis, e você é livre para escolher o caminho que quiser – errando ou acertando – sem qualquer condenação. Ou se aceita o livre-

---

78 Q. 614 de *O Livro dos Espíritos*.
79 Sugiro a leitura de meu livro *Filhos de Deus – o amor incondicional*, quando interpreto o simbolismo dessa parábola. Vale a pena.

SEJA VOCÊ MESMO – O DESAFIO DO AUTODOMÍNIO | 99

-arbítrio ou, então, entregamos nosso destino a um Deus intercessor, criado pela teologia. Até que ponto não se tira das mãos humanas a deliberação de sua própria vida e o quanto o ser humano é privado de si mesmo! Para o crescimento espiritual é preciso que você mesmo decida.

Embora o espiritismo não seja uma religião, da forma como muitos assim o entendem, mas uma proposta filosófica, calcada na ciência, com consequências morais, Kardec, o bom-senso encarnado, não propôs jamais dependência, ensinando que não se deve aceitar nada que não passe pelo crivo da razão, venha de quem vier! Diz mais: "O espiritismo, avançando com o progresso, jamais será ultrapassado, porque, se novas descobertas lhe demonstrarem que está em erro acerca de um ponto, ele se modificará nesse ponto; se uma verdade nova se revelar, ele a aceitará."[80] "Setores significativos do movimento espírita, que consideram desnecessários e lesivos quaisquer processos de atualização do espiritismo, uma vez que concebem sua origem e natureza como 'divina', portanto passível de modificação apenas por ordem de graça da 'espiritualidade'."[81] Atente que não é essa a orientação do codificador.

Enquanto algumas pessoas abraçam o processo de transformação tão facilmente que elas evoluem aparentemente sem esforço, outras ficam presas, com medo de fazer um movimento, esperando, em vão, que a mudança, que elas desejam, aconteça, "magicamente" e sem dor. Aqueles que ficam presos à sua mente egoica (seu ego,

---

80   KARDEC, Allan. *A Gênese*, cap. I - Caracteres da revelação espírita.
81   Ademar Arthur Chioro dos Reis. Atualização do espiritismo, p. 18.

ou falso Eu), muitas vezes apresentam uma longa lista de argumentos para combater as mudanças que anseiam ou evitar as mudanças que os obrigariam a sair da zona de conforto, mesmo que o custo seja a própria felicidade.

Esse despertar da consciência de que você tem a FORÇA para mudar, não é tão simples assim; você irá confrontar com sua religião, aquela que lhe formatou a mente. No momento em que se vai afirmando a identidade do homem, no sentido contrário, àquelas informações impostas pela religião, vai lutando em manter a distinção entre o homem e Deus, para que a diferença não seja anulada. Ou seja, na medida em que o homem vai tomando consciência de si, em que vai tomando posse da essência divina (afinal você é Deus, em potência), em contrapartida, diz Ludwig Feuerbach "a religião reproduz uma imagem tão desarraigada do homem, que pode levá-lo a pensar que, apenas de modo ilusório, o homem poderá chegar à realização de sua essência".

É óbvio, no entanto, que não é somente a religião responsável pela criação deste "código de leis", que nos norteia a vida. Temos, também, influências de outros setores, como a família, classes sociais, escola, os costumes de determinada sociedade, entre outros. No caso, aqui, neste texto, estamos refletindo, especificamente sobre sequestro das religiões no comportamento humano.

Por conta da imaturidade, nem sempre estamos "prontos" para mudar e sair da prisão. Joanna de Ângelis diz que, enquanto ainda não despertamos, agimos na condição de "homem-cópia", símbolo do alheamento a "nós mesmos", para, por força de imitação, viver uma vida que não é nossa, em desprezo aos nossos próprios potenciais. É o estacionamento, sem evolução. Cada espírito presta contas de sua administração perante as leis do Universo, já que o objetivo da encarnação é a perfeição permanente.[82]

Para que tenhamos uma visão mais ampla sobre este tipo de sequestro, é preciso, preliminarmente, interpretar, de forma didática, os três conceitos: a fé, a prece e a religião. Parece, à primeira vista, que tudo é a mesma coisa. Não é, todavia. Embora se entrelacem em determinados momentos, cada um tem definição própria, com objetivos *sui generis*. Podemos afirmar, no entanto, que eles se intercomplementam. Estudei muito sobre o assunto e registrei em vários livros.[83] Adquiri, com essas reflexões, interpretações que não percebia antes, o que, certamente, muitas vezes, ocorre com você, também. Por isso, o que exponho aqui, é fruto de muitas pesquisas e, obviamente, conclusões pessoais. Esses três conceitos, embora se "interliguem", trazem diferenças sutis.

Assim, quando se fala em fé, a primeira ideia que vem à mente, de um modo geral, é a ideia de religião, como se ela tivesse "necessariamente" de estar vinculada a uma determinada crença. A fé é suficiente por si mesma, sem necessidade de vinculação a qualquer crença. Veja que ela até pode estar ligada a uma religião, mas como instrumento desta; não, porém, como condição obrigatória,

---

82 Sugiro a leitura de meu livro *Prontidão para mudança*, por esta editora.

83 *O poder da fé, A oração pode mudar sua vida, Para falar com Deus* e *Peça e receba – o Universo conspira a seu favor.*

pois, em essência, a fé encontra-se em estado latente em todas as criaturas. É preciso, no entanto, separar os dois conceitos. "A fé e a religião são coisas diferentes. A religião é uma maneira institucionalizada para se praticar a fé, por meio de regras específicas e dogmas. Já a fé é algo pessoal, ligada à espiritualidade, à busca para compreender as respostas a grandes questões sobre a vida, o Universo e tudo mais".[84]

Dessa forma, ratificamos que se pode praticar a fé, "com" ou "sem" uma religião.[85] Se você aplicar a fé, através da religião, a tendência – dependendo de seu estágio evolutivo – é a submissão – dependência – às suas regras, acatando-as, como verdade absoluta. Assim, acender velas, carregar fitinhas, acreditar em patuás, crer em templos considerados "sagrados", proferir determinadas orações, praticar rituais, fazer oferendas, "guardar" os sábados, usar drogas alucinógenas, entre outras criatividades humanas, cada um de seu jeito próprio, têm efeitos fortemente sugestivos. "Por intermédio da sugestão espontânea, plantamos os reflexos de nossa individualidade, colhendo-lhes os efeitos nas individualidades alheias, como semeamos e obtemos no mundo o cânhamo e o trigo, a cenoura e a batata".[86]

No entanto, garantem os cientistas que basta ter uma

---

84 A fé faz bem, *Revista Superinteressante*, edição 325 – Novembro/2013.

85 Os "sem religião" (aproximadamente 32 milhões, equivalente hoje, a 16% de nossa população, hoje na casa dos 200 milhões segundo fontes do IBGE – embora não pratiquem nenhuma, são dotados de fé, tais quais os crentes).

86 XAVIER, Francisco Cândido/Emmanuel, *Pensamento e vida*, lição 9.

forte crença em algo – e nem precisa ser de uma divindade ou força superior, que as coisas acontecem. Pode ser qualquer coisa realmente importante para a pessoa. Atente-se que você é o que você pensa! Se o ser não acredita em Deus, pode praticar a fé da mesma forma. Pode ser a família, os filhos, os amigos. Veja, ratificando o que afirmamos: Pode-se, perfeitamente, praticar a fé sem ter religião nenhuma. Parece estranho, não é mesmo? Pense, duvide, analise e chegue a sua própria conclusão.

No caso de obtenção de cura, podemos afirmar que só existe um princípio universal: o poder da mente e um só processo de cura: a fé ou a convicção. "É imperioso analisar que, o princípio da cura é sempre o mesmo, pouco importando o seu objeto da fé. Não importa sua crença. Assim, se o paciente diz que se curou por ter tomado "água benta" de determinado local considerado sagrado, ou porque tem fé em determinado santo, espírito, ou porque carrega determinado patuá, relíquia, fitinha do Senhor do Bonfim etc..., **o efeito será sempre o mesmo**. É a fé que produz os resultados positivos (ou negativos), pois, o potencial interior – comum a todas as criaturas – é acionado por esses estímulos exteriores e alcança resultados, que o leigo chama de "milagre".[87]

Em todos os tempos e lugares do mundo sempre se registrou a ocorrência de "cura pela fé". Não se trata de "milagre", mas de fato natural, independente de locais considerados sagrados, lideranças espirituais ou de crença religiosa.[88] O budista, o cristão, o muçulmano, o judeu,

---

87   Ler o livro, *O poder da fé*, p. 15.
88   Sugiro a leitura de meu livro *Milagre: fato natural ou sobrenatural?*

todos podem obter respostas às suas orações, não por causa do credo em particular, da religião, proselitismo, ritual, cerimônia, fórmula, liturgia, encantamento, sacrifícios ou oferendas, mas unicamente por causa da fé ou da aceitação e receptividade mental daquilo que rezam.

Atribuir a Deus poderes milagrosos pode levar o paciente a abandonar tratamentos. Sabemos de casos de religiosos que dizem a doentes em tratamento médico que podem abandonar os remédios, pois seriam curados por eles. Isso é crime, que corre por conta e risco de quem orienta – o espiritismo não adota essa ideia. Paralelamente ao tratamento médico, sem abandoná-lo, faz-se o tratamento espiritual. O médico é fundamental, afinal estudou para isso e tem missão divina.[89]

E a fé na oração? A oração é tocada pela fé. A oração é consequência do reflexo instintivo, abordado por Kardec, na lei da adoração.[90] Ela é utilizada por todas as religiões e mesmo pelos ateus. E as coisas acontecem conforme a fé daquele que ora.[91] Em várias manifestações

---

89 Sugiro a leitura *on line* da reportagem da Folha de São Paulo, 05.09.2015: A UNIVERSAL É CONDENADA A INDENIZAR POR PROMETER CURA. Terá ela de pagar uma indenização de R$ 300 mil a um ex-fiel que abandonou o tratamento contra a aids, contaminou a mulher e chegou à beira da morte, pesando 40 quilos. Para a Justiça, o gaúcho de 36 anos foi convencido de que se livraria do HIV só com a fé em Deus – e doações à igreja. "Os pastores diziam que a medicina estava desatualizada, levavam testemunhos de gente que se curou de câncer, aids. Quando as pessoas não aceitam doar seus bens, dizem que tem um espírito ruim que não está permitindo", conta Lucas (nome fictício).

90 Abordo o tema em meu livro *Da moral social às leis morais*.

91 Sugiro que você leia meu livro *Peça e receba – o Universo conspira a seu favor*.

diante dos doentes que se curavam, conforme anotações nos Evangelhos, dizia Jesus: "Foi a tua fé que te curou". Jamais condicionava a cura a algo "milagroso" realizado por ele, expressando com isso, que a fé é algo da própria alma. Essa força nasce em cada um de nós, basta que se ative esse potencial. Entenda que a fé é o fio condutor da oração e também para se aceitar uma religião. É "força que nasce com a própria alma, certeza instintiva na sabedoria de Deus que é a sabedoria da própria vida".[92] Ela é um componente auxiliar da oração e da crença na religião, imanente em todos os seres, vibrando em todas as coisas.

A oração, por outro lado, é um trabalho de cada um, ao se protocolarem, na mente, os desejos. Se eu desejo que algo aconteça, protocolo na mente e só vai acontecer por efeito da fé, que coloca em ação o potencial imanente, independentemente de credo religioso. O crente atribui a concretização dos "pedidos" às forças externas. No entanto, é a própria criatura que aciona seus mecanismos de fé e a coisa, com o tempo, acontece. Mas se você continuar atribuindo a Jesus, Deus, espíritos, a força do curador, tudo bem, não há nada de mal nisso, porque, os efeitos serão sempre os mesmos. No entanto, com o tempo, você concluirá que o resultado não é fruto de força externa, mas de **você mesmo**. Você tem a força! "Foi tua fé que te curou", afirma Jesus. No fundo mesmo, toda cura é uma autocura. Cada um cura a si mesmo.

Com suporte nesses conceitos, podemos agora abordar o sentido do *sequestro da subjetividade* pela religião.

---

92   XAVIER, Francisco Cândido/Emmanuel. *Pensamento e vida*, lição 6.

Como afirmamos, as religiões são criações humanas, e não de Deus. Porque, ainda que baseadas em revelações divinas e transmitidas ao povo por homens sábios e pelos espíritos, as religiões não são propriamente decretos de Deus, pois, nos livros considerados sagrados, estão presentes tradições, costumes, dogmas e leis eminentemente humanas.

Elas, no entanto, dependendo do estágio evolutivo da criatura, são úteis no desenvolvimento moral e crescimento dos potenciais imanentes. Já imaginou o que teria acontecido à Humanidade sem uma "crença" religiosa?

No entanto, dependendo do estágio de fé do paciente, a religião pode *consolar* ou *amedrontar*. O lado negativo da crença religiosa é o que os especialistas chamam de conflito religioso, sentimento que leva a acreditar que a doença ou os sofrimentos são "punição divina". O paciente acredita que Deus está castigando por algo que fez. Nesses casos, a religião tem um efeito desastroso. Um estudo publicado na revista científica americana *Archives of Internal Medicine* mostrou que esse conflito está associado à depressão, à ansiedade e maior índice de mortalidade. "Se fosse bom, fé cega não teria esse nome".[93]

Então, como tudo tem os dois lados, a religião pode ajudar o crente a vencer os obstáculos da vida, trazendo consolo, como, também, colocar medo a ponto de se julgar que está sendo castigado por Deus, por determinados atos cometidos contra a lei.

---

93   Idem, *Revista Superinteressante*, citada, neste capítulo.

Lembremo-nos, no entanto, do conselho de Jesus,[94] sobre o conceito da "boa parte". Ela reside em todas as criaturas e em todas as coisas. É sempre ruinoso apreciar apenas unilateralmente. "A imperfeição completa, tanto quanto a perfeição integral, não existe no plano em que evoluímos. Busquemos o lado melhor das situações, dos acontecimentos e das pessoas".[95]

Veja, então, que mesmo do **sequestro** de nossa subjetividade, podemos extrair o lado bom. Com os desafios, saímos da casca e, no tempo do entendimento, crescemos. Descobrimos o que ainda não tínhamos despertado em nossa vida. Depois do sequestro vem o aprendizado. Ao aprendermos, passamos a reavaliar valores, a que, até então, pouca importância atribuíamos.

---

94 Lucas, 10:42.
95 XAVIER, Francisco Cândido. Emmanuel. *Fonte viva*, lição 32.

3. Mantendo a consciência em alerta

NINGUÉM ESTÁ ISENTO desses *sequestros* ou *roubos* da intimidade, afinal, estamos em constante mutação no processo da aprendizagem, passando, gradativamente, de uma fase para outra, na construção de nossa evolução. Não se aprende por "osmose",[96] mas enfrentando "desafios". Eles são despertadores de nossa inércia, testes necessários do crescimento. Cada ser, no seu tempo de maturidade, desperta, e vai à luta. Errando aqui, errando acolá, como processo normal, defrontando com os princípios de causa e efeito, corrigindo-se, reestruturando-se psicologicamente e crescendo sempre. Esse o objetivo da vida. Após cada sequestro, ao despertarmos, enfrentamos desafios, mas, crescemos um pouco mais, na espiral evolutiva.

Trazemos, agora, algumas reflexões importantes para

---

96 Osmose pode ser definida no cotidiano como uma forma de resolver problemas ou aprender através do subconsciente sem contato físico ou auditivo.

você que já chegou neste ponto de *insight* (estalo instantâneo) quanto ao grande objetivo da vida: "ser você mesmo", ou seja, compreender que, para "tornar-se pessoa", é preciso superar obstáculos. Só você pode fazer isso! A felicidade é construção pessoal. Ninguém de fora pode, efetivamente, fazer você feliz! Você tem a responsabilidade de "atualizar" o seu potencial. Para isso, conscientize-se de certas verdades universais:

3.1. A fonte da vida está dentro de você

CONCORDO PLENAMENTE COM a reflexão de Rohden sobre a fonte, que Jesus chamou de "Deus em nós", ou quando alertou "Vós sois deuses". Excluindo a ideia do Deus antropomórfico, pessoal, e ficando com o lúcido conceito dos espíritos, na questão n.º 1, de *O Livro dos Espíritos*: "Inteligência suprema e causa primária de todas as coisas". Nesta informação, o codificador não pergunta "Quem é?" – o que levaria, por consequência, a um Deus pessoal – mas, "Que é Deus?" – Esta pergunta "despersonaliza". o conceito de Deus. Não sendo pessoal, nem estando fora do Universo é uma energia inteligente, é causa primária de todas as coisas é fonte permanente, onde você encontra o néctar da perfeição absoluta, cada qual no seu tempo de maturidade.

Para usufruir dessa abundância, sempre disponível, cada um deve criar "receptividade". Não há limite para essa abundância. Quem põe limite, somos "nós mesmos". Os meus canais jazem na zona periférica do meu ego – a minha fonte está na zona central do meu eu. Se não houver ligação consciente entre o canal de meu ego e a fonte plena do meu eu (potência divina), os canais continuarão vazios, acarretando, com o tempo, doença. Sendo essa fonte da vida imanente dentro de cada um de nós, é óbvio que ninguém tem de buscá-la "fora de si", como no geral, acontece, mas, "dentro de si mesmo".

Jesus ensina que o reino de Deus "está dentro de nós", e não lá fora. Diz mais, tu, quando orares, entra no teu aposento e, fechando a tua porta, ora a teu Pai que *está em **secreto; e teu Pai, que vê em secreto,** te recom-*pensará publicamente".[97] Mesmo que você esteja numa igreja, numa sinagoga, num centro espírita, o encontro com a fonte é sempre dentro de você mesmo. O homem deve buscar dentro de si e não fora o "tesouro oculto", "as águas vivas". Nenhum Deus externo pode curar o homem, porque esse Deus externo é mera ficção: "O Pai (leis do Universo) está em mim, e o Pai também está em vós, as obras que eu faço não sou eu (ego) que as faz, é o Pai em mim" (pelo meu ego nada posso fazer).

"O recebido está no recipiente segundo a capacidade do recipiente"; esta máxima ilustra bem o sentido de *receber* segundo a capacidade de cada um. De acordo com a própria capacidade, com o nível evolutivo, com o comportamento de cada um, ser-lhe-á dado em abundância relativa ao estágio evolutivo. O limite da abundância disponível depende sempre da capacidade do recipiente. Para ser atendido nas orações é preciso que estejamos em sintonia com as leis. "Se a capacidade do finito for igual a 10, o recipiente receberá 10; se for igual a 50, receberá 50;

---

97   Mateus, 6:6.

se for igual a 100, receberá 100. Quando se vai a um oceano com uma xícara, colhe-se uma xícara de água salgada; quem for com um litro, receberá um litro; quem vai com um barril, colherá um barril. Esta colheita não se prende ao volume do oceano, mas à capacidade de cada um dos recipientes. Depende sempre da capacidade de cada um, receber mais ou menos na sintonia com Deus.

Pelo exposto, nasce o alerta de Jesus: *Vós sereis julgados por vossas obras*. Vale dizer: receberemos de acordo com o volume de nosso recipiente. Não obras, no sentido material, tão somente, como às vezes, se interpreta. Um homem bom pode, todavia, externar, por amor ao próximo, em construções que abriguem os menos favorecidos, amainando os seus sofrimentos. Deve este ato, todavia, ser realmente a exteriorização de seus sentimentos e não para o aplauso da plateia".[98]

Ratificamos que, essa fonte está em mim – mas é uma fonte soterrada, inconsciente, que deve ser desassoreada, conscientizada. A fonte da vida, da saúde e da felicidade em mim, em você, é um "tesouro oculto"[99], que deve ser manifestado; é uma "luz debaixo do alqueire"[100] que deve ser colocada no alto do candelabro.

Todo homem é, potencialmente, a "luz do mundo", perfeita vida, saúde e felicidade; mas esta "potencialidade" latente deve tornar-se uma "atualidade" manifesta. Não é a presença de Deus que cura alguém – do contrário não haveria um só doente no mundo – é a

---

98 Ler meu livro *A oração pode mudar sua vida*, capítulo 17, de acordo com a capacidade.
99 Mateus, 13:44.
100 Mateus, 15:15.

consciência ou conscientização da presença de Deus que dá vida e saúde. Dentro da presença e onipresença há doentes de toda espécie – doenças de câncer, de paralisia, de lepra, de cegueira, de surdez e de mudez – mas dentro da consciência da presença de Deus não há um só doente, porque a consciência da presença divina e o mal são absolutamente incompatíveis.[101]

É necessário "descobrir" e "desobstruir" a fonte que está em nós e fazê-la fluir através de nossos canais; a realidade interna deve fluir através das facticidades [102] externas. O resultado é a saúde do homem integral. Este processo de sintonia cósmica depende essencialmente do grau da minha consciência ou conscientização. A conscientização é a ligação entre os canais das minhas facticidades e a fonte da realidade em mim. Eu devo conscientizar-me da realidade infinita, que está e sempre esteve dentro de mim, dentro das minhas facticidades finitas e dentro de todos os finitos.

Na natureza infra-hominal (minerais, vegetais, animais) a presença de Deus funciona automaticamente, porque a natureza não pode conscientizar essa presença; mas nós, detentores do livre-arbítrio e da razão, quando deixamos de fazer o bem, por omissão, nos tornamos devedores. Releia o texto 9, deste livro, quando abordamos o "crime, por não termos sidos nós mesmos". Todo débito gera sofrimento. O sofrimento é a resposta da lei (Universo) ao infrator. Diz Kardec que toda ação contrária à lei, não traz castigos, mas con-

---

101 ROHDEN, Huberto. *Cosmoterapia*, p. 133.
102 Facticidades – que possui relação com os fatos.

sequências das imperfeições.[103] O homem pode e deve conscientizar em si, a presença de Deus. Concordamos com Rohden, quando afirma que a separação de Deus (em algum lugar) e nós, é uma ilusão e uma ideia bastante infantil, porque Ele está na nossa consciência, através de Suas leis eternas e imutáveis, como também informaram os espíritos.[104]

Eu devo, pois, "plenificar" a vacuidade (encher o espaço, conforme abordamos acima) dos meus canais-ego pela plenitude da minha fonte-eu. Eu devo, gradativamente, criar espaço, pela prática do bem, para iluminar a minha humanidade. Trata-se de descobrir a fonte e depois deixar fluir as águas vivas através de todos os canais. O homem que se conscientizou dessa verdade descobriu a fonte e a canaliza para sua evolução espiritual. Os canais limpos se credenciam a receber o fluxo da fonte. É ele, e só ele, que "busca o reino de Deus e Sua justiça (harmonia)", (Mt. 6:33) e, por isto, todas as outras coisas lhe são dadas, sem que ele tenha de correr atrás delas.

3.2. Resplandeça a sua luz

"Somos um santuário do Deus vivo", assevera Paulo. (Paulo, II Cor. 6:16). Emmanuel, com apoio nessa afirmação, convida-nos, então, a que "iluminemos o santuário". Todos têm a mesma oportunidade de crescimento, no

---

103   Item 1, cap. VII de *O Céu e o Inferno*.
104   KARDEC, Allan. *O Livro dos Espíritos*, questão 622.

Seja você mesmo – O desafio do autodomínio | 115

processo de "ativamento" dos potenciais intrínsecos – independentemente de você ter ou não uma religião – indiscriminadamente, pois todas as pessoas recebem possibilidades idênticas de crescimento espiritual e elevação ao campo superior da vida. Nessa configuração, Paulo afirma que "Deus não faz acepção de pessoas".[105] Ninguém é melhor que ninguém; pelo contrário, todos são iguais, ímpios, maus, rebeldes, insolentes, escória, indignos até mesmo de existir. "Os sãos não necessitam de médico, mas, sim, os que estão doentes; eu não vim chamar os justos, mas, sim, os pecadores ao arrependimento", afirmou Jesus.[106]

A reencarnação, como lei, é oportunidade para que todos, por esforço próprio, alcancem a perfeição, cada qual no seu devido tempo. O esforço individual faz a diferença entre as criaturas. Todos nascem "simples e ignorantes", tais como ocorre numa corrida, partem do mesmo ponto, porém, a chegada é mérito de cada um, de acordo com suas obras.

"Apesar disso, inúmeras pessoas se declaram afastadas da luz eterna, deserdadas da fé. Enquanto dispõem da saúde e do tesouro das possibilidades humanas, fazem anedotário leve e irônico. Ao apagar das luzes terrestres, porém, inabilitados à movimentação no campo da fantasia, revoltam-se contra a Divindade e precipitam-se em abismo de desespero. São companheiros invigilantes que ocuparam o santuário do espírito (corpo físico) com material inadequado. Absorvidos pelas preocupações imediatistas da esfera inferior transformaram esperanças em ambições

---

105 Romanos, 2:11.
106 Marcos, 2:17.

criminosas, expressões de confiança em fanatismo cego, aspirações do Alto em interesses da zona mais baixa".[107]

"No burburinho das agitações mundanas, o homem, num vai e vem tresloucado na busca incessante dos interesses imediatos, nem sempre encontra tempo para os valores eternos... Ora, esses bens deixamos para quando 'sobrar tempo'! Dificilmente se reserva para si, um espaço necessário no refazimento espiritual. Gritos, imprecações, barulhos ensurdecedores ecoam como notas dissonantes aos ouvidos... O tempo passa, mas não passa em vão! Em determinado dia, começamos a ouvir o disparo do 'alarme' da alma, em forma de angústia, ansiedade, medo, etc., comunicando-nos que precisamos de harmonização com Deus, para que a paz possa nos reequilibrar a conduta. Nosso corpo fala conosco, nossa alma grita diante dos excessos. É preciso fazer algo que nos coloque em equilíbrio. Caso contrário, teremos consequências proporcionais aos excessos. Procuremos, pois, o quanto antes, reservar um espaço de tempo para o contato com o nosso potencial divino, abastecendo-nos de energias eternas".[108]

Aproveite, pois, o tempo, fazendo o melhor que possa, iluminando-se constantemente da luz sublime, presente em nosso santuário interior. Busque resposta no "secreto de si mesmo", alinhando-se com a lei – manifestação permanente da Inteligência Suprema.

---

107 XAVIER, Francisco Cândido/Emmanuel. *Vinha de luz*, cap. 138.
108 Do livro *Para falar com Deus*, lição 7, de minha autoria.

Segunda parte

O sequestro da subjetividade

Por conta das forças interiores

1. O sequestro da subjetividade por conta dos coadjuvantes internos

Nesta 2.ª parte do livro, mostraremos que o "sequestro da subjetividade" não ocorre apenas por *fatores externos*, como se desenvolveu até aqui, mas também, por fatores *internos*. Embasaremos nossas reflexões na teoria da *inteligência multifocal*, criada por Augusto Cury, usada hoje por vários países em teses acadêmicas.[109] Em seu livro, *Seja líder de si mesmo*, descreve a vida como uma peça de teatro, fazendo constantemente uma distinção quanto à posição do indivíduo entre ser ator ou coadjuvante da sua própria vida. E dentro deste contexto, ele insere *o desafio do autodomínio*. O autodomínio, do prefixo **auto** – por si mesmo – e *dominium*, do latim **domínio** – domínio "por si mesmo" é algo oposto ao medo. Pois o medo o coloca em uma posição de vítima (coadjuvante – em que algo toma a cena principal e você é a consequência), enquanto o *autodomínio* o coloca em uma posição de refe-

---

109 CURY, Augusto. *Seja líder de si mesmo*. Livraria Sextante.

rência (ator principal). Tem as rédeas ou o "domínio" da vida, e sabe o que quer! Aliás, este é o objetivo: ser ator da própria vida. Você é norteado pelas leis do Universo, um Deus em evolução.

Analisaremos, com exemplos práticos, que não é apenas o *eu* que constrói cadeias do pensamento. Já que pensar é inevitável, neste ato existem outros três fenômenos inconscientes – chamados de *coadjuvantes internos* – que também produzem milhares de pensamentos, influenciando-nos na manifestação da conduta. São eles: **o gatilho da memória, o autofluxo** e **a janela da memória**. E, por isso, dizemos que a construção do pensamento é multifocal. Sobre eles faremos análises curiosas, desafiando você a ser o "construtor" de sua vida. É dentro dessa linha de pensamento que iremos refletir juntos, nessa teoria da *inteligência multifocal*, lembrando sempre que somos os responsáveis pelo desafio de nossa conquista pessoal. Ter autodomínio, eis o objetivo do processo da vida.

Ratificamos, no entanto, e vale a pena insistir: os coadjuvantes (auxiliares do *eu*) são *inconscientes*, aparecendo na mente "inesperadamente", trazendo-nos, em alguns momentos, alegria e prazer e, em outros, os pensamentos que detestamos (tristeza, angústia, pressentimentos), colocando-nos "no chão". Todos nós pensamos tolices, atormentamo-nos com ideias absurdas, sofremos por antecipação, não é mesmo? Isso nos deixa mal, arrefece o ânimo. Não percebendo essa mecânica natural de construção do pensamento, as religiões, por desconhecimento ou por "intenções outras", inculcam nos seus seguidores que, quando surgem esses pensamentos ruins, isso é influência de fatores externos (demônios, malfeitos, espíritos malignos, etc.), e que, só por intermédio delas, encontramos a solução milagrosa. Se ainda imaturos, conseguem retirar de nós o comando dessa força interna para entregá-la a um "representante" de Deus. Deus deixa de estar presente "aparentemente" na intimidade de cada um, para ser algo, cuja chave está nas mãos de uma religião.

Daí, para convencer o crente, quanto à atribuição da religião, no caso a Igreja Católica, inseriu-se a frase atribuída a Jesus.[110] "Eu darei a ti as chaves do reino dos céus; o que ligares na Terra haverá sido ligado nos céus, e o que desligares na Terra, haverá sido desligado nos céus". Trata-se de mera "acomodação" para conceder autoridade à Igreja sobre os seus fiéis. A religião é válida até certo momento, quando ainda necessitamos que alguém nos diga o que fazer. Precisamos ainda ser guiados. Mas a espiritualidade é construção pessoal que nos leva a auscultar a voz interior. Ora, segundo Jesus, não há necessidade de nenhum "procurador" para interceder na ligação com o Universo. "Para falar com Deus (sua essência), entre nos seus aposentos e, em silêncio, fale com Ele".[111] É esse o encontro do "eu" com o "Eu", por sintonia vibracional, sem intervenção externa. Cada um se "capacita", ou seja, "cria recipiência", "abre espaço", para que esse alinhamento aconteça.

Nessa linha de entendimento, nas religiões, muitos de seus líderes se autoproclamam "emissários de Deus"

---

110 Mateus, 16:19.
111 Idem, 6:6

na Terra. Alguns se apresentam como "apóstolos!" Só queremos saber "quem os nomeou", outorgando o direito de serem canais entre o ser humano e Deus? Essa conexão não ocorre por "indicação" humana, mas por "mérito" próprio; Jesus disse que "cada um é julgado por suas obras", e não pela crença religiosa que segue.

"A pergunta mais enfadonha e inútil que se pode fazer sobre qualquer religião é se ela é verdadeira – no sentido de ter vindo dos céus ao som de trombetas e de ser governada sobrenaturalmente por profetas e seres celestiais. Ora, nenhuma religião é verdadeira num sentido de ser concedida por Deus".[112] Embora contrarie a muita gente, a criação é humana mesmo! É óbvio que é fácil e mais cômodo atribuir as nossas desditas aos fatores externos, abandonando a administração da vontade e o comando da vida a terceiros. Muitos ainda pela imaturidade se constituem no chamado "espírito de manada",[113] que se traduz no sentido de se seguir a vida sem pensar "por si mesmos", anestesiados por uma voz que se autoproclamou detentor de poderes superiores.

Não é nossa intenção, no entanto, nesta análise, rejeitar a "influência dos espíritos" em nossa vida, como ensina a doutrina espírita. É óbvio que não, pois, nós mes-

---

112 BOTTON, Alain de. *Religião para ateus*, p. 12.

113 O termo "espírito da manada" é muito interessante. Outros escritores, em épocas diferentes, já se referiram a tal espírito. Sêneca, na Roma antiga, escreveu que "nada é pior do que nos acomodarmos ao clamor da maioria, convencidos de que o melhor é aquilo a que todos se submetem". Séculos depois foi a vez de Hermann Hesse: "O que hoje existe não é comunidade: é simplesmente o rebanho"; alguns anos depois Charles Bukowski afirmou que as pessoas "esquecem logo como pensar, deixam que os outros pensem por elas".

Seja você mesmo – O desafio do autodomínio | 123

mos adquirimos muitas experiências ao longo da vida, através do canal da mediunidade, brotada ainda cedo, em plena juventude. O que queremos chamar a atenção é que "nem tudo" é influência dos espíritos, afinal, somos construtores do próprio destino. Ser comandados por eles é uma "exceção", é assinar atestado de "abandono a si mesmo". Analogamente, é o caso do pai que deixa o filho ser ele mesmo! E a maior parte dos transtornos psíquicos que manifestamos são consequências da má administração de nossa casa mental. Pensando assim, esclarece Emmanuel: "Os sintomas patológicos na experiência comum, em maioria esmagadora, decorrem dos reflexos infelizes da mente sobre o veículo de nossas manifestações, operando desajustes nos implementos que o compõem".[114]

Assim, nessa leitura, se o "eu" abandonar a responsabilidade consciente, que tem, de decidir sobre o comando da mente, essa faculdade, a que damos o nome de livre-arbítrio, vai ficar em desajuste. O mesmo aconteceria, num grupo familiar em que apenas um trabalhasse para a manutenção doméstica e, a certa altura, esse membro pedisse licença para ausentar-se, dizendo: "Alguém tem que trabalhar nesta casa!". De forma análoga, podemos dizer que o pensamento trabalha sempre. Se o "eu" não for diligente, entrar em cena, deixando a casa por conta dos coadjuvantes internos, não se sabe o que vai dar. É a história do gato e dos ratos... Se o gato não cuida da casa, os ratos fazem a festa; a mente passa a ser dirigida, inconscientemente pelos auxiliares, que Cury cognomi-

---

114 XAVIER, Francisco Cândido/Emmanuel. *Pensamento e vida*, lição 28.

na de *coadjuvantes inconscientes* da mente (O gatilho de memória, o autofluxo e a janela da memória).

De forma idêntica, a título de exemplo, imaginemos, na vida profissional, uma empresa, comandada por um diretor e sua equipe de auxiliares, como ordinariamente acontece. Em certo momento, o dirigente, por problemas – que não vai aqui ao caso – começa a ser relapso, deixando constantemente de comparecer à empresa, administrando, assim, mal o seu trabalho. Alguém tem que dar sequência ao funcionamento. E os auxiliares passam a comandar, na omissão do dirigente. Eis, de forma semelhante, o que ocorre, quando abandonamos a tarefa de "ser nós mesmos". Simplesmente, "terceirizar" a responsabilidade e viver no *dolce far niente* é estacionar o crescimento, cujo objetivo é a busca incessante da perfeição.[115] A vida é uma construção contínua: "Ficar sentado na praça, vendo a banda passar"[116] é ser omisso com os deveres pessoais e com o objetivo de "ser pessoa". É aos omissos, o lembrete de Paulo, "Acorda, ó tu que dormes!".[117]

Comparemos a mente humana – espelho vivo da consciência lúcida – a um grande escritório, subdividido em diversas seções de serviço. Aí possuímos o Departamento do Desejo, em que operam os propósitos e as aspirações, acalentando o estímulo ao trabalho; o Departamento da Inteligência, dilatando os patrimônios da evolução e da cultura; o Departamento da Imaginação,

---

115 KARDEC, Allan. *O Livro dos Espíritos*, questão 132.
116 Conforme a letra de Chico Buarque de Holanda
117 Efésios 5:14.

amealhando as riquezas do ideal e da sensibilidade; o Departamento da Memória, arquivando as súmulas da experiência, e ainda o Departamento dos coadjuvantes internos: **gatilho da memória, janela da memória e autofluxo (acréscimos nossos)**, que definem os investimentos da alma. Acima de todos eles, porém, surge o Gabinete da Vontade, comandado pelo *eu*. A vontade é a gerência esclarecida e vigilante do *eu*, governando todos os setores da ação mental.[118]

Seguindo essa linha de raciocínio, orienta Emmanuel: "É razoável que o administrador distribua serviço e responda pela mordomia que lhe foi confiada. Detendo encargos da direção, o homem é obrigado a movimentar grande número de pessoas. Orientará os seus dirigidos, educará os subalternos, dar-lhes-á incumbências que lhes apurem as qualidades no serviço. Ainda assim, o dirigente não se exime das obrigações fundamentais que lhe competem. Perante as leis Universais da vida, se temos algo intransferível, este algo é a nossa evolução".[119] Assim, à medida da maturidade, cada um desperta no tempo próprio, sua função de construtor de si mesmo, na ascensão evolutiva.

Já nos referimos alhures à expressão, "semelhante atrai semelhante", querendo ela, com isso, expressar, que as ideias análogas se aproximam. É questão de afinidades. Quando somos visitados, por um dos coadjuvantes da memória – que suscitam ideias doentias – se não criarmos "imediatamente" outros quadros mentais que

---

118 XAVIER, Francisco Cândido/Emmanuel. *Pensamento e vida*, lição 2.
119 Idem, ibidem. *Vinha de Luz*, lição 85.

sobreponham a eles, certamente seremos envolvidos por outras ideias semelhantes que passam a tomar conta do pensamento. Deixamos de ser liderados "por nós mesmos" e passamos a ser, neste caso, *sequestrados em nossa subjetividade*, perdendo a gerência esclarecida e vigilante, entregando-a aos auxiliares da mente. Só a vontade do *eu* é suficientemente forte para sustentar a harmonia do espírito. É nesse sentido que afirma Emmanuel; "Em verdade, ela não consegue impedir a reflexão mental, quando se trate da conexão entre os semelhantes, porque a sintonia constitui lei inderrogável, mas pode impor o jugo da disciplina sobre os elementos que administra, de modo a mantê-los coesos na corrente do bem".[120]

Um exemplo prático esclarecerá didaticamente, a mecânica de "semelhante atrair semelhante". Nas narrações de André Luiz, na coleção *A vida no mundo espiritual*, informa-nos ele, que os espíritos, quando desencarnados, procuram, no plano espiritual aqueles que pensam como eles. É o que expressa o adágio popular: "O **que se leva** dessa **vida** é a **vida que se leva**". Ninguém vira "santo", só porque desencarnou! A história de "céu e inferno", como localização geográfica, é "pura alegoria" da teologia, pois estas posições não passam de estados d'alma. Se for viciado em tóxicos em seu sentido geral, por afinidade, aproxima-se de semelhante que detém o mesmo vício. Se intelectual, aproxima-se daqueles que estão na mesma faixa de evolução. Na Terra não é diferente, nossos amigos, no dia a dia, são aqueles com quem temos identidade de objetivos. Igualmente, ações volta-

---

120 Idem, ibidem. *Pensamento e vida*, lição 2.

das para o bem são auxiliadas por outras semelhantes. Ao pretender desenvolver uma obra benemérita, fluem, inconscientemente, outras ideias semelhantes. É semelhante atraindo semelhante naquilo que alimentamos na alma. Dá para entender?

Nesse desenho, da mesma forma, os coadjuvantes trazem, por ligação neurônica, todos os pensamentos e quadros mentais semelhantes, atraindo pensamentos ou quadros que se assemelham. Pense num momento em que, com o sistema nervoso abalado – dizemos popularmente "estar com os nervos à flor da pele" – diante de um problema difícil de resolver. Se não conseguirmos contrapor com pensamentos de coragem, de superação, é possível, passemos a ser algemados pela associação de "ideias semelhantes", acarretando medo, angústia, apreensão de toda ordem.

Diz-se na linguagem popular que, "entramos em parafuso!" Uma preocupação, por exemplo, com uma dívida contraída, pode ser o início na formação de toda uma cadeia de ideias sobre o que pode acontecer de ruim em torno da preocupação central. Na insônia, diante de um turbilhão de ideias desconexas, você já se vê diante do Juiz, respondendo uma ação judicial, pensa nas consequências morais que virão à tona: vergonha diante da sociedade, desonra, penhora de bens, a família e, por aí afora. Outras sugestões se associam, agravando a crise. Nossa subjetividade, representada pelo *eu*, está sequestrada, não mais usa a razão e pensa que é o fim. O que fazer? É o que iremos trazer para reflexão e treinamento, para deixarmos de ser presas fáceis dos coadjuvantes internos e assumirmos o comando do *eu*.

2. Analisando os coadjuvantes internos

RETOMEMOS, A TÍTULO de "reforço" de aprendizagem, a ideia dos *coadjuvantes* da mente. Sempre se pensou que a responsabilidade de construir pensamentos fosse tão somente do *eu*, tanto que dizemos que, "somos o que pensamos", pois, afinal, o administrador do pensamento é o *eu*. Embora o *eu* seja chefe, ele é assessorado por componentes mentais que são *coadjuvantes* (auxiliares) que agem de forma *inconsciente*, produzindo milhares de pensamentos. Por isso, muitos de nossos pensamentos escapam do domínio do *eu*, e passam sem qualquer censura, "diretamente" para o exterior, sem que tomemos parte "conscientemente" da exteriorização. O administrador responde pelas ações equivocadas dos empregados diante do consumidor. Da mesma forma ocorre com os coadjuvantes da memória.

As grandes conquistas da Humanidade têm começo no esforço pessoal de cada um. Disciplinando-se e vencendo-se a si mesmo, o homem consegue agigantar-se, logrando resultados expressivos e valiosos. Estas realizações, no entanto, têm início nele próprio. [121] Por conta disso, muitas vezes, dizemos: "Puxa, quando 'caí em mim' (raciocinei), vi que já tinha escapado de meu controle!", "Agi sem pensar!". Ora, se o *eu* que representa a capacidade *consciente*, não dirigir o veículo da mente, ele será dirigido *inconscientemente* por esses auxiliares internos.

Quanta gente que, por falta de objetivos maiores, levados, obviamente, pela imaturidade espiritual, vive na base do "deixa a vida me levar"... Entregam tudo nas

---

[121] FRANCO, Divaldo Pereira, Joanna de Ângelis. *Momentos de coragem*. Salvador, BA: LEAL, 1988.

"mãos de Deus", e deixam a vida rolar! No entanto, não se apavore se isto lhe tocou à alma, fique tranquilo, "há tempo pra tudo". No tempo de maior maturidade, você também irá despertar! É da lei que todos serão perfeitos, gradativamente, mesmo que de forma relativa, sem término de jornada. "Imprescindível é que nos levantemos, individualmente, sobre os próprios pés, pois há muita gente esperando as asas de anjo que lhe não pertencem".[122] É o que chamo, em meu livro, *O código penal dos espíritos*, de **espiral evolutiva**. Estamos evoluindo sempre, cada qual no seu tempo...

Muitas vezes, defrontamos com pessoas que se apresentavam sempre como pacatas, conciliadoras, humildes, mas, que diante de situação inesperada, acabam "perdendo a cabeça" e cometendo um crime, ou ação não convencional. Todos criticam: Mas, como pode! Logo ela, que sempre foi um paradigma de bondade? O infrator, abatido, por sua vez, afirma: "Deu um branco naquela hora", "o sangue subiu e perdi a cabeça". "Estou morrendo de vergonha"... Não é o que ocorre, tantas vezes conosco, em certas ocasiões? É nesse sentido que Paulo escreveu: "Pois o que faço não é o bem que desejo, mas o mal que não quero fazer, esse eu continuo fazendo."[123] O que aconteceu afinal? O *eu* foi sequestrado pelos coadjuvantes internos e perdeu "instantaneamente" o domínio da mente. Todos nós, no processo evolutivo, passamos por situação como essas. É da lei. Na expres-

---

122 XAVIER, Francisco Cândido/Emmanuel. *Caminho, verdade e vida*, cap. 79.

123 Romanos 7:19.

são de Emmanuel, "o **criminoso** é sempre um de **nós que foi descoberto**".[124]

Como já reportamos, os coadjuvantes tanto podem auxiliar, produzindo pensamentos positivos, quanto, em determinados momentos, nos "colocar no chão", tendo como alimento os pensamentos negativos. Diz um provérbio indígena: "Dentro de mim, existem dois lobos: o lobo do ódio e o lobo do amor. Ambos disputam o poder sobre mim. Quando me perguntam qual é lobo vencedor, respondo: o que eu alimento". O estado d'alma de alegria ou tristeza atrai "inconscientemente" emoções da mesma natureza, com a participação desses auxiliares. Jamais nos afastemos da ideia de que a alegria atrai, semelhantemente, alegria e quadros afins, gravados em nossa rede neural; igualmente, uma ideia perturbadora atrai sua "turma" mental de igual sintonia. Entenda, pois, ou governamos ou seremos governados. A vida é uma construção do autodomínio, nada vem de graça. Quer felicidade, construa-a, paulatinamente. Ela não se compra em prateleiras de supermercados!

Seguindo a linha de raciocínio de Augusto Cury – em que somos comparados a um teatro –, ora somos o ator principal (o *eu* toma conta da mente) ou plateias (quando terceirizamos o domínio de nós mesmos, aos auxiliares), pergunta-se: Por que temos três atores coadjuvantes no teatro da mente? Não seria mais fácil se tivéssemos apenas o ator principal? Nesse sentido, o *eu* seria absoluto. Duas explicações:

---

124 XAVIER, Francisco Cândido/Emmanuel/Carlos Antônio Bacelli. *Chico Xavier à sombra do abacateiro.*

Primeiro – sem os atores coadjuvantes, o teatro seria um monólogo e somente o ator principal atuaria: nossa espécie morreria de tédio, angústia e rotina. Haveria suicídio em massa. Os coadjuvantes não só trazem tristezas, angústias, conforme já nos referimos, mas nos mantêm vivos, trazendo ideias positivas, alentando-nos com sonhos, inspiração, criatividade e ideias que nos distraem e animam. Muitas leituras espontâneas são feitas por esses auxiliares o tempo todo. Em vários momentos, você se encontra assim, não é mesmo?

Segundo – São esses auxiliares que nos despertam, ajudando-nos a ser o ator principal. O amadurecimento do *eu* é um trabalho impulsionado por esses atores coadjuvantes. Com a atuação deles, permanentemente, satisfazemos as emoções, alimentamos a memória com informações, experiências, para que, gradativamente, pelo livre-arbítrio, façamos escolhas melhores, "pois ele se desenvolve à medida que o espírito adquire consciência de si mesmo".[125]

A título de curiosidade, atente-se que a história é pródiga de "personalidades grandiosas que, motivadas por uma inquietação nativa, conduziram suas vidas de forma louvável, que foram atores e atrizes de suas próprias vidas, ao invés de serem apenas plateias, observando a vida passar diante de seus olhos, sem reagir".[126] Veja, por exemplo, os casos de Steve Jobs, Albert Einstein, Francisco Cândido Xavier, Marie Curie (ou Madame Curie) Cristóvão Colombo, Leonardo da Vinci, Madre Teresa

---

125 KARDEC, Allan. *O Livro dos Espíritos*, questão 122.
126 SPOLAOR, Everton Luiz. *Desperte sua força interior*, p. 46.

de Calcutá, entre outros. Eles assumiram a condição de atores no palco da vida e deixaram "marcas" na História.

Entenda, pois, a importância desses coadjutores do *eu*, porque são eles que nos ajudam a sair da plateia, treinando-nos e educando-nos a enfrentar situações diversas. Com eles, nos reestruturamos psicologicamente *ad infinitum*, sempre que "sugestões" (boas ou ruins) caiam na nossa tela mental. Se ainda não temos a estrutura psicológica para enfrentar aquela situação, nos autorregularemos, pelos princípios de causa e efeito e, no tempo certo, aprendemos a lidar com aquela situação, até, então, inóspita. Lembro-me, aqui, da frase de Paulo: "Quando eu era menino, falava como menino, sentia como menino, discorria como menino; mas logo que cheguei a ser homem, acabei com as coisas de menino".[127]

Curioso é que, na vida, adquirimos "maestria" para liderar com problemas externos, por meio de estudos aprofundados, experiências, por longo tempo em determinado setor de atividade, alçando, muitas vezes, posições hierarquicamente superiores para atuar no mundo de fora. Somos, também, muitas vezes, invejados, pela capacidade diretiva, no entanto, por falta de liderança em nosso mundo psíquico, quando a sós, tornamo-nos criaturas frágeis. Choramos, sentimos "vazio na alma" e entramos em desespero, a infelicidade toma conta do viver.

É nessa ótica que nos conta Cury, a título de exemplo, a história de um grande industrial que dizia que tinha inveja dos funcionários de limpeza do chão da fábrica, pois eles "cantavam durante o trabalho", enquanto ele era um

---

127 I Cor. 13:11.

rico miserável, pois sentia-se aprisionado por ideias perturbadoras, vivia ansioso e sem encanto pela vida. Podemos comparar aqui com essa história, o comentário de Emmanuel os "filhos pródigos", da parábola de Lucas, quando expõe: "Quantos trabalhadores pequeninos guardam o pão da tranquilidade, enquanto a fome de paz me tortura o espírito!" O mundo permanece repleto de filhos pródigos e, de hora a hora, milhares de vozes proferem aflitivas exclamações iguais a esta.[128] É esse vazio existencial que nos mostra o quanto estamos afastados da realidade espiritual. Enganamo-nos, ao tentar preencher a realidade espiritual com coisas materiais, a aparência pela essência, a forma pelo conteúdo, o supérfluo pelo essencial. Neste comportamento, o vazio existencial toma conta de nossa vida.

Para que possamos colocar em prática esses ensinamentos, analisemos cada um desses coadjuvantes do teatro da mente. Mesmo que, ainda inconscientemente, eles estejam presentes em você... Então, vale a pena, conhecê--los. Não faça uma leitura rápida, reflita com atenção e veja que, aos poucos, você consegue colocar as coisas no devido lugar. Não perca o foco de que o objetivo da vida é suscitar o potencial divino, em estado latente, e expressarmos a felicidade.

2.1. Gatilho da memória

É o fenômeno que faz com que cada estímulo visual, sonoro ou psíquico seja interpretado imediatamente, em

---

128 XAVIER, Francisco Cândido/Emmanuel. *Pão Nosso*, lição 25.

milésimos de segundo. Assim, as imagens de flores, pessoas, objetos são identificadas não pelo seu *eu*, mas pelo *gatilho da memória*. Temos milhões de imagens na memória, mas quando vemos a figura externa de uma flor, por exemplo, o gatilho é acionado, acerta o alvo e a identifica. Sem esse fenômeno, o *eu* ficaria confuso.

No entanto, dependendo da situação, o gatilho pode nos prejudicar. Quando, por exemplo, defrontamos com alguém que nos molestou, em fração de segundos, o gatilho abre a "caixa de ferramenta" (os arquivos da memória) identificando a ficha dessa pessoa, gerando raiva e ansiedade. Nesse caso, se o *eu* não retoma imediatamente o comando, perdemos a liderança de nós mesmos e somos comandados por essas emoções desequilibradas, afloradas pelo gatilho da memória. Ele se manifesta de forma natural, selecionando o que importa para ajudar a memória a ter, no mesmo instante, todas as informações complementares. Coloque-se no lugar e relembre quantas vezes você se defronta com situações como essa!

O gatilho da memória funciona, assim, como um "secretário eficiente" que tem todos os dados de imediato para assessorar o dirigente pensante nas melhores respostas, diante de uma situação. Atente-se, todavia, que esse gatilho da memória não está se importando quanto às consequências dessas informações à mente, na solução daquele fato a ser encarado. Ele abastece a mente com informações armazenadas nos arquivos da memória (é um auxiliar atento). Essa revelação do arquivo mental trará felicidade ou tristeza? Essa não é a função desse gatilho. Ele apenas abre o arquivo e complementa o fato daquele momento. Dá subsídios para que o *eu* tome a decisão que melhor lhe aprouver. Como o livre-arbítrio amadurece de acordo com o tempo, tudo pode acontecer com a nossa emoção...

COMUNICAÇÃO ENTRE NEURÔNIOS

Neurônio

Outro Neurônio

Sinapse

Axônio Dendritos Axônios do Outro Neurônio

Bainha de Mielina

Pontos de Sinapses

Então, dependendo de estar diante de um amigo ou inimigo, as informações do gatilho são dadas, incontinente. Quando nos defrontamos com um inimigo, alguém que nos prejudicou muito, as redes neurais são acionadas, por esse gatilho, trazendo-nos a ficha completa do desafeto, gerando raiva e ansiedade. No entanto, dependendo do estágio de maturidade o *eu* não se "deixa levar" pela energia negativa, retoma de imediato a sua posição de governante. Mantém-se calmo diante da situação. Nessa linha de pensamento, comenta Chico Xavier: "Às vezes eu fico triste, mas, graças a Deus, não sou espírito triste. A alegria passa por cima de qualquer situação e o bom humor nos ensina a não dar aos acontecimentos infelizes, maior importância que eles tenham".

Não obstante, se nos deixarmos levar pela força deletéria que nos aflora, naquele momento, perdemos o nosso lado racional e agimos mais pelos instintos. "É indispensável muita força de vontade para não nos perdermos, indefinidamente, **na sombra dos impulsos primitivistas (grifamos).** À frente dos milênios passados, em nosso campo evolutivo, somos suscetíveis de longa permanência nos resvaladouros do erro, cristalizando atitudes em desacordo com as leis eternas".[129] Não acontece isso, quando diante de um imprevisto, deixamos nos levar pelos instintos animais, presentes em nós? Agimos impensadamente, ocasionando, em certos casos, verdadeiros estragos na vida. Depois do ato consumado, arrependido, dizemos: "Agi impensadamente", "fiquei cego", "agi como o irracional". "Não enxerguei nada".

O que isso está nos ensinando: deixamos o instinto tomar conta de nossas ações. Aproximamo-nos dos irracionais, perdendo por alguns instantes a racionalidade. A escolha de cada um: dar alimento e sequência àquela condição de desarmonia emocional ou dizer, "nada vai me abalar", "não vou deixar me levar pelo impulso negativo". Eu tenho o **poder** e não vou ser submetido à tristeza. Essa posição de "comando de si mesmo", ou de ser administrado pelos outros, obviamente, não ocorre de maneira imediata. É um trabalho de treinamento que exige esforço, para que cada um seja o ator principal, no palco da mente.

É uma tarefa árdua, mas necessária, inclusive com

---

129 XAVIER, Francisco Cândido, pelo espírito Emmanuel. *Vinha de luz*, lição 30.

direito a recaídas. No meio do caminho, quando tudo ia indo muito bem, o instinto fala mais alto e voltamos à estaca zero. Diz-nos Cury: Nós somos gigantes. Apesar de o gatilho ajudar muitíssimo nossa inteligência, diariamente ele nos envia para a plateia, quando perdemos a condição de ator principal no teatro da mente. Alguns jovens vão a cada dez minutos para a plateia: ninguém pode dizer-lhe "não" sem que se ofendam. Quem reclama, agride os outros e se ofende com facilidade é frágil. Repense, a luta persistente é retomar (autodominar) as rédeas de sua mente. É um exercício normal. Não nos tornaremos de uma hora para outra em seres perfeitos. A busca pela perfeição é um *continuum* infinito.

Kardec, o codificador da doutrina espírita, interpreta com lucidez o sentido da perfeição, afirmando: "Sede perfeitos, como vosso Pai celestial é perfeito", tomada ao pé da letra, faria supor a possibilidade de atingirmos a perfeição absoluta. Se fosse dado à criatura ser tão perfeita quanto o seu próprio Criador, ela o igualaria, o que é inadmissível. Mas os homens aos quais Jesus se dirigia não teriam compreendido essa questão. Ele se limitou, portanto, a lhes apresentar um modelo e dizer que se esforçassem para atingi-lo... "Devemos, pois, entender, por essas palavras, a **perfeição relativa (grifos nossos)** de que a Humanidade é suscetível, e que mais pode aproximá-la da Divindade".[130]

Muitas vezes, você é preparado intelectualmente, tem bom vocabulário, falando inclusive outras línguas, mas tem medo doentio de falar em público. Diante de

---

130 KARDEC, Allan. *O Evangelho segundo o Espiritismo*, Capítulo XVII, item 2.

um microfone à sua frente, de início, é aquela tremedeira danada! Você já passou por isso? Não se preocupe, se você quer, você pode! Isso ocorre por alguma situação de bloqueio, que você talvez tenha tido e de que nem se lembra mais. Mas como tudo é gravado na memória "involuntariamente", tudo que foi fixado, de uma hora para outra, vem à tona, no momento em que você pretende enfrentar uma plateia externa.

Agora, quando você quer se comunicar, o gatilho da memória é acionado, abrindo arquivo relacionado com o ato de falar em público. Diante do medo de falhar, de ser criticado e passar vexame, há um bloqueio emocional e não se consegue transmitir o que se pretende de forma clara e lúcida. A boca seca, as ideias não se concatenam e o nervosismo toma conta... Não é isso mesmo que ocorre? Nossa luta é vencer essa situação. Para isso existem técnicas, que veremos nesta obra.

Cury afirma que, ainda que o pensamento seja algo inevitável, junto a ele, no inconsciente, carregamos históricos ou experiências que nos aprisionam (experiências negativas) e que nos impulsionam (experiências positivas). Assim, essas pessoas que têm algum medo de se expressar em público, por exemplo, sofrem com isso, devido a uma ou mais experiências traumáticas, ocorridas em algum momento da vida. São blocos de memória que estão gravados, mas, que aprenderemos a lidar com a situação ao estudarmos o processo de **reeditar ou reescrever a memória**, importante capítulo que estudaremos, no decorrer deste livro.

Essa meta é importante no processo de aprendizagem. Chegaremos lá. Embora não tenhamos o "poder" de apagar os detalhes que já estão gravados no cérebro, todavia, conseguimos "dar um novo" significado para eles. É o que diz Chico Xavier: "Embora ninguém possa voltar atrás e fazer um novo começo, qualquer um pode começar agora e fazer um novo fim..." Exercitando, conseguiremos, com o tempo, deixar de ser vítimas do gatilho. Podemos nos tornar livre? Não é possível brilharmos nas plateias exteriores, se somos tímidos espectadores na plateia de nossa mente.

Assim, não importa onde você parou, em que momento da vida você cansou. Recomeçar é dar uma "nova chance" a si mesmo; é renovar as esperanças na vida e, o mais importante, **acreditar em você de novo.**

2.2. Autofluxo

Antes de entendermos a função do autofluxo na mecânica do pensamento, vejamos primeiro, o sentido etimológico da palavra *autofluxo*. Auto é um prefixo (de origem grega) ou um elemento composicional que permite designar aquilo que é "próprio" ou que "funciona por si mesmo" (automóvel, autoanálise, autoconsciência, autogerenciamento, autônomo, autoposicionamento, autoidolatria, entre outros). Já *fluxo* é o ato ou efeito de *fluir*, de se movimentar de modo contínuo, como por exemplo, o curso constante de fluidos em um conduto. A corrente da água em um leito do rio. O fluir das ideias em uma comunicação. Não dizemos, em certas ocasiões, quando em uma palestra, "que as ideias fluíam espontaneamente..." Então, podemos dizer que *autofluxo* é um fenômeno *inconsciente* de inigualável importância para o intelecto humano. O autofluxo é uma palavra composta que aqui significa um fluxo "por si mesmo", um fluxo espontâneo e contínuo.

Assim, o fenômeno do autofluxo é uma expressão que representa um conjunto de fenômenos que atua nos bastidores da mente humana e que financia um fluxo espontâneo e inevitável da energia psíquica, gerando continuamente uma produção de pensamentos, ideias, motivações, emoções. A energia psíquica está continuamente *fluindo* ou se transformando na forma de pensamentos e emoções. Ele é responsável por produzir a grande maioria dos pensamentos da nossa mente. Esse ator coadjuvante nos faz "viajar" para o passado e para o futuro. Produz pensamentos que nos distraem, nos animam, nos fazem sonhar, tanto como nos colocam em tristeza, com leituras espontâneas da memória, sem uma direção lógica.

Outro elemento fundamental para nossos estudos é deixar claro o sentido do *eu*. O *eu* é a nossa identidade. É a nossa capacidade de analisar as situações, dúvidas, críticas, fazer escolha e exercer o livre-arbítrio, administrar as emoções e governar os pensamentos. O *eu* faz uma leitura lógica, dirigida e programada da memória, ainda que algumas vezes seja distorcida e destituída de profundidade.

A leitura do *autofluxo*, no entanto, é diferente da do *eu*. Ele faz uma "varredura" inconsciente, aleatória, não programada, dos mais diversos campos da memória, produzindo pensamentos, imagens mentais, ideias, fantasias, desejos e emoções. Comparativamente, quando instalamos um antivírus no computador, sua função é também de fazer uma "varredura" em todos os arquivos, com o objetivo de detectar e eliminar vírus. Um dos grandes objetivos desse fenômeno inconsciente é produzir a maior fonte de entretenimento, distração, motivação e inspiração ao homem.

O discurso sobre o fenômeno do *autofluxo* da energia psíquica indica que a mente vive numa consciência constante e inevitável desde os primeiros pensamentos produzidos pelo feto até o fim da vida do ser humano. É impossível para nós, interromper o fluxo dos nossos pensamentos, pois o *autofluxo* da energia psíquica atua independentemente da nossa vontade consciente. Até mesmo a tentativa do vácuo de pensamento já é uma manifestação do pensamento. É impossível parar de pensar. Assim, tenha cuidado com o que você vê e escuta, pois isso será a plataforma de criação de seus pensamentos.

Sem tomada de uma decisão firme, apaixonada e determinada do *eu*, a produção de pensamentos e emoções fica entregue aos três fenômenos intrapsíquicos: *gatilho da memória*, *autofluxo* e *janela da memória* (este último será estudado, a seguir) os quais têm a função primordial de "financiar", gratuitamente, o funcionamento da mente, porém o pensamento crítico, centrado em princípios humanísticos, é a responsabilidade do *eu*. Caso esse fenômeno não amadureça qualitativamente ao longo do processo existencial, a nossa produção pode ter pouca qualidade, gerando todas as formas de violação dos direitos humanos.

Como fonte interna ou intrapsíquica de lazer, o fenômeno do *autofluxo* leva-nos diariamente a ser "viajantes" no imaginário, sem compromisso com o ponto de partida, a trajetória e o ponto de chegada. Todo dia, ganhamos vários "bilhetes" para viajar pelos pensamentos; é quando surgem as "fantasias", penetrando em nosso passado e especulando o futuro. Cientistas afirmam que o cérebro, quando não está cumprindo tarefas que exigem sua atenção imediata, passa o tempo a devanear, "viajando" para o passado ou para o futuro. Essa habilidade é fundamental para o nosso bem-estar e equilíbrio psicológico. Não é o que ocorre quando estamos em solilóquios?[131]

Porém, nosso bem-estar psicofísico não está apenas em fazer do aqui e agora o melhor lugar do mundo. Temos de expandi-lo para os períodos nos quais a mente mais permanece em navegação – o passado e o futuro – e neutralizar a carga negativa das experiências que nos incomodam, revendo-as, por exemplo, sob um ângulo de aprendizado e de progresso interior. É, de certo modo, o desafio de uma vida - mas, um desafio plenamente superável.

Abordo, nessa oportunidade, a capacidade de viajar no passado, sem contudo, virarmos prisioneiros dele, impedindo que tenhamos vida plena no presente, como também de fazermos incursões no futuro que alimentem o entusiasmo e a esperança. Por consequência, se o *eu* não entrar em cena, quem entra é o "autofluxo", ele passa a alimentar-se das janelas da mente. Não é isso mesmo que ocorre conosco?

Cientistas afirmam que, quando o *eu* não está cumprindo suas tarefas que exigem atenção imediata – está de "folga", afinal ninguém é de ferro! – passa o tempo a

---

131 Solilóquio – uma espécie de diálogo do autor com sua alma, com sua consciência.

devanear, "viajando", ora para o passado, ora para o futuro. Isso nos traz paz e equilíbrio emocional, uma habilidade para tornar a vida mais amena, alimentando-nos de alegria e felicidade. Com essa ação, a mente neutraliza a carga negativa das experiências que nos incomodam no momento presente da mente. Concedemo-nos um espaço de tempo para refrescar a "cuca", diante dos problemas do presente. No entanto, repito, não podemos nos tornar prisioneiros do passado ou do futuro, impedindo que tenhamos vida plena em nosso presente. Em situação normal, tudo bem. O que não pode é viver "devaneando" sempre, para fugir da realidade, vivendo no mundo da lua! Não é o que se diz quando a pessoa vive absorta em relação à vida?

Quantas vezes você se autoflagra "pensando" em fatos que ocorreram há muito tempo, sem conexão alguma com os fatos atuais, mas que "bailam" à mente, trazendo alegria e distração. Vem à mente uma cena de infância, em que você estava com os amigos, ou, então, ideias bizarras, as brincadeiras, os tempos da escola. Os bailes na mocidade, os encontros felizes ou tristes. Esse componente da memória – o autofluxo – nos leva a viajar.

Há momentos em que alguém fala conosco, mas estamos tão longe do "agora", que o interlocutor chega a dizer: "Ei, amigo, acorda! Eu estou falando com você." Ao voltar a si, responde: "Oh, desculpe-me, o que você disse mesmo? Estava tão distante..." E daí retorna ao tempo atual. Quantas vezes isso não acontece? Se não tivéssemos essas "prerrogativas", a vida seria uma tremenda chatice, não é mesmo? Quando estamos assim pensativos, há um bloqueio do fluxo de nós mesmos. Somos comandados pelo autofluxo que faz leituras espontâneas da memória, sem qualquer compromisso lógico.

Cenas como essas são semelhantes àqueles momentos em que estamos com o controle remoto, diante da televisão, sem outro compromisso, senão encontrar algo que nos possa interessar. É o que chamamos de "zapear". Este se constitui num ato de mudar rápida e repetidamente de canal de televisão, de forma a encontrar algo atraente para assistir. Nossa mente, através dos fenômenos do *autofluxo*, faz esse "zapeamento" com leituras espontâneas nos arquivos da memória, sem qualquer objetivo de encontrar esse ou aquele arquivo, sem, portanto, nenhuma direção lógica. Quando encontra algo interessante, aí sim, começamos a sonhar!

É óbvio que, ao "garimpar" sem compromisso, num certo momento, deparamos com pensamentos atormentadores e estressantes, embora, tenhamos a liberdade de encontrar o que quisermos, pois trata-se apenas de um "zapear" descompromissado. Defrontamos, então, tanto com cenas de graça e alegria, que nos ajudam vencer o tédio existencial, quanto de tristeza e angústia avassaladoras. Quando o *autofluxo* se detém nas áreas doentias da memória, produz emoções ansiosas, tímidas, culposas. É aí, muitas vezes, que a *ansiedade* nos domina, trazendo-nos para o "agora", previsões nefastas para o futuro, acarretando-nos sofrimento antecipado. Na psicologia de Jesus, disse ele: "Não andeis ansiosos com o dia de amanhã, porque o dia de amanhã cuidará de si mesmo. Basta a cada dia o seu mal".[132]

---

132 Mateus, 6:34.

A psicologia define *ansiedade* como uma sensação, às vezes vaga, de que algo desagradável está para acontecer. Ela se manifesta por vários sintomas de tensão e nervosismo, acarretando, no físico, tremores nas mãos, frio na boca do estômago e, em casos mais intensos, em desarranjos intestinais e urinários. Não se trata, porém de doença, nem se constitui necessariamente um prejuízo, visto que nos ajuda a enfrentar dificuldades, preparando o organismo para encarar situações sentidas como o de perigo, seja ele real, seja imaginário. Ela só é prejudicial e considerada doentia, quando deixa de ser episódica, passando a constituir um traço da personalidade da pessoa.[133]

Afirmamos, pois, que o *autofluxo* funciona numa via de mão dupla, ora *"distrai"* e *"anima"*, ora nos remete para o *"fundo do poço"*, acorrentando-nos às ideias negativas. Quando não detemos esse domínio de nós mesmos – função do *eu* – passamos para a plateia, deixando de comandar o veículo mental. Então, pensar com consciência crítica é ótimo. Se não entrarmos em cena, para ser o ator principal, passaremos a ser dominados pelo *autofluxo* que começa a alimentar-se das janelas da mente, na base do "deixa a vida me levar", ou atitudes de entregar nas mãos de Deus, de Jesus, de Buda, dos espíritos, dos anjos, entre outros, conforme a crença de cada um.

Lembre-se: Para ser feliz, você tem que dar conta, não para um Deus externo (este é utopia), mas para sua

---

133 Veja melhores detalhes sobre a ansiedade, em meu livro, *O segredo das bem-aventuranças*, p. 248.

consciência, onde está escrita a lei de Deus.[134] Ninguém de fora pode resolver-lhe "milagrosamente" o problema, se você não tomar uma atitude de colocar em ação seus potenciais. Ou na expressão da época, por Jesus: "Ninguém, que lança mão do **arado** e **olha** para trás, é apto para o reino de Deus".[135] Reino de Deus é a semente divina na intimidade a ser desenvolvida. Para atingir a meta, é preciso "focar", sem desviar a atenção, naquilo que se almeja. Há aí a manifestação de fé, algo que se desenvolve intimamente. Quando não focamos, com fé (duvidando), naquilo que almejamos, "somos semelhantes à **onda do mar**, que é levada pelo vento".[136]

Conscientizemo-nos, então, de que este "auxiliar" inconsciente do pensamento, dependendo do local encontrado nos escaninhos da memória, pode tanto nos "animar" e nos "distrair", como nos envolver em "tristezas" e "angústias". Aí o enorme desafio para não nos deixarmos ser dominados pelas ideias negativas. Se não criarmos cenas positivas para contrapor essas cenas negativas, seremos acorrentados por ela. Os pessimistas vivem um teatro de horror. O *eu* deve gerenciar o fluxo dos pensamentos. Cury afirma que "A espécie humana, que é tão dominadora, foi em muitos momentos da sua história aprisionada no secreto do seu ser". Nesse caso, ocorre o fenômeno do "sequestro da subjetividade" ou roubo do *eu*, de forma interna, conforme estamos desenvolvendo.

---

134 KARDEC, Allan. *O Livro dos Espíritos*, questão 621.
135 Lucas, 9:62.
136 Tiago 1:5-8.

Quantos de nós, ainda, somos assim! Muitas vezes, dominamos com "maestria" nossa relação de trabalho, no inter-relacionamento com outras pessoas... Somos admirados e aplaudidos pela eficiência em comandar liderados, aconselhando e motivando-os diante das dificuldades; autênticos líderes perante o grupo, no local de trabalho. No entanto, lá no íntimo somos infelizes, tristes, não comandamos o nosso interior, vivendo cansados, ansiosos, irritados, tristes, sonolentos e esquecidos, em muitas ocasiões.

Nessa linha de pensamento, reflita no que nos sugere Emmanuel:

1. Recorda os que padecem na derrota de si mesmos, depois de se acreditarem vencedores, dos que choram as horas perdidas, e procura, enquanto é hoje, enriquecer o próprio espírito para o amanhã que te aguarda, porque, consoante o ensino do Senhor, nada vale reter por fora o esplendor de todos os impérios do mundo, conservando a treva por dentro do coração. "Pois que aproveitaria ao homem ganhar todo o mundo e perder a sua alma?" Jesus (Marcos, 8:36.)[137]

2. Mas todos os bens espirituais que ajuntares em ti mesmo, como sejam virtude e educação, constituem valores inalienáveis a brilharem contigo, aqui ou alhures, sublimação para a vida eterna.[138]

3. O homem está sempre decidido a conquistar o mundo, mas nunca disposto a conquistar-se para uma esfera

---

137 XAVIER, Francisco Cândido/Emmanuel. *Palavras de vida eterna,* lição 6.

138 Idem, ibidem, lição 73.

mais elevada (vibrações mais sutis da alma). **Acrescentamos.**[139]

4. Se teus desejos repousam nas aquisições factícias, relativamente a situações passageiras ou a patrimônios fadados ao apodrecimento, renova, enquanto é tempo, a visão espiritual, porque de nada vale ganhar o mundo que te não pertence e perderes a ti mesmo, indefinidamente, para a vida imortal.[140]

Trocando os termos religiosos e, explicando pela psicologia, entendemos aí o sentido do *eu* no comando em suas realizações mais nobres. Quando busca "apenas" conquistas externas, ganha os bens terrenos (o mundo), mas deixa de dar luz à sua essência. Tudo funciona na mecânica universal por leis eternas e sábias. O "ensino do Senhor" deve ser interpretado como essas leis Universais, expressando a Inteligência suprema e causa primária de todas as coisas.

Então, o que fazer? Perguntaria você. A solução é aprender a "administrar" os pensamentos, compreendendo como funcionam os escaninhos da mente e, em cima disso, utilizar técnicas que, uma vez aplicadas, com persistência, nos ensinarão a desenvolver uma vida mais feliz. Pelo que você analisou até agora, veja como foi importante entender sobre esses dois coadjuvantes: **gatilho da memória** e o **autofluxo**. O domínio desses conceitos ajudará você a continuar na meta de "ser você mesmo!".

Para facilitar, vamos resumir, mostrando a diferença,

---

139 Idem, *Caminho, verdade e vida*, lição 58.
140 Idem, ibidem, mesma lição.

pois ambos têm funções distintas. O primeiro, diante de uma cena ou fato projetado na memória, "seleciona" no arquivo mental, tudo o que ajuda a memória a ter, no mesmo instante, todas as informações complementares, tal como uma secretária eficiente. Já o autofluxo é franco atirador, pois é espontâneo, atua sem vínculo a um objeto ou fatos preestabelecidos. Ele produz continuamente pensamentos e emoções espontâneas. Quantas vezes nos flagramos assistindo a filmes gravados na memória, quer do presente, quer do passado, preenchendo-nos os pensamentos?

Releia e reflita, pois por várias vezes, até que você se familiarize com a função desses parceiros da memória. A mudança só ocorrerá se houver força de vontade do *eu*. A felicidade não ocorre por graça divina... É trabalho seu! Antes de aprender essas técnicas, vamos nos inteirar de mais outro coadjuvante da memória, **janelas da memória** que desenvolveremos a seguir.

2.3. Janelas da memória

A MEMÓRIA HUMANA se abre por "janelas", tal como no simbolismo da figura acima. Cada uma delas contém milhares de informações agregadas no córtex cerebral. Não acessamos arquivos inteiros, como nos computadores, mas somente janelas. Elas geram tanto situações de prazer, coragem, respostas inteligentes, quanto doentias, suscitando ansiedade, ódio, desmotivações. Atente-se que as células nervosas integradas ou conectadas formam as redes neurais. Um modo simples de pensar sobre isso é que cada rede neural representa um pensamento, uma lembrança, uma habilidade, um fragmento de informação, etc.

"No entanto, as redes neurais não são 'isoladas'. Todas estão conectadas e é essa interconexão que constrói ideias, lembranças e emoções complexas. Por exemplo, a rede neural que representa 'maçã' não é só uma rede de neurônios. É muito maior, e se conecta com outras redes, como as neurais que contêm 'vermelho', 'fruta', 'redonda', 'delícia', etc. Essa rede neural, por sua vez, está ligada a muitas outras, de modo que, quando vemos uma maçã, o córtex cerebral, que também está conectado, aciona aquela rede para nos dar a imagem de uma maça".[141]

Temos inúmeros exemplos de pessoas que são dotadas de inteligência privilegiada – desenvolvida ao longo das experiências milenares – atingindo "maestria" em determinados setores de atividades e que, no entanto, são, muitas vezes, visitadas por ideias doentias de que "seriam" portadoras de determinadas doenças. Essas doenças, não obstante, são fictícias (inventadas, imaginadas), mas que se "colocaram" na cabeça. Neste caso, de imediato, *o gatilho da memória* dispara, acarretando envolvimento

---

141 DISPENSA Joe. *Quem somos nós?* p. 146.

com medo de sofrer, morrer, situações ainda mais negras. Lembremo-nos de que a função do gatilho é a de ser "auxiliar" da memória, com informações complementares, pouco importando sejam boas ou sejam ruins. Incontinenti, o *autofluxo* começa a ler todas as informações dessa janela, fazendo da vida um verdadeiro terror.

Você, certamente, já passou por situações similares tão desesperadoras, a ponto de achar que não havia mais luz no fim do túnel. Todos, sem exceção, no processo evolutivo, enfrentamos desafios. É com eles que somos provocados para crescer. "Desequilibramos" para "equilibrar novamente", erramos para aprender. Lembro-me, em minha vida, dos vários momentos de desequilíbrio, ocasionados por ideias desesperadoras; aprendi que a solução é reestruturar-me, encontrando a zona de "acomodação", sempre provisória e contínua. Em meu livro *Filhos de Deus*, interpreto a "saída" e o "retorno" do filho pródigo da casa do Pai, como algo que ocorre pelas "idas" e "vindas" dentro de nós mesmos, pois é assim que se dá o processo da aprendizagem. Gosto muito do adágio popular: "*Se receber um limão, faça dele uma limonada*". Quando existe vontade, aparecem os caminhos... Na vida, às vezes, nos deparamos com iniquidade que podem nos levar ao desespero e, nessas horas, precisamos de tranquilidade para enfrentá-las. Assim, é certo que nos momentos difíceis precisamos traçar metas para superação das dificuldades.

Veremos, logo após este texto, as metas e *técnicas para resgatar o nosso eu*, em situação de desespero. Você irá aprender o que é, e como "reeditar a memória". Esse é um trabalho pessoal que não se faz por terceirização. Podemos ter orientação de especialistas no assunto, líderes espirituais de nossa confiança, mas o trabalho de "superação" é personalíssimo. Ninguém pode fazer por você! Honre sua força interior. Tudo o que você precisa para vencer já existe dentro de você.

Aprendi a suplantar situações adversas, trabalhando incontinente, com a abertura de janelas paralelas, cuja função é a de "focar" apenas quadros mentais de felicidade e alegria, contrastando com as forças negativas. Destaque-se que algumas janelas geram emoção com um volume de tensão intenso, contendo, por exemplo, medo, raiva, desespero, que são capazes de "bloquear" a abertura das demais janelas da memória, travando o raciocínio. São as chamadas janelas *killer*, que nos fazem reagir tais como os animais. "À frente dos milênios passados, em nosso campo evolutivo, somos suscetíveis de longa permanência nos resvaladouros do erro, cristalizando atitudes em desacordo com as leis eternas".[142] Não se diz, algumas vezes, "agi como verdadeiro animal", querendo dizer com isso, que não operamos com o uso da razão, deixando aflorar os instintos animais – bem presentes em nós, por conta do processo evolutivo – a tomarem conta, naquele momento?

Atente-se que essas "janelas", quando abertas, nos fazem reagir sem pensar, ser impulsivos, ferir quem amamos. Elas contêm os arquivos dos nossos maiores traumas, perdas, frustrações. E quem não as tem? Faz parte do processo da aprendizagem, na busca da evolução infinita. Assim, dirija a sua mente, para não ser conduzido por um auxiliar (coadjuvante). Sentimos que uma sensação de vazio, uma tristeza profunda toma conta da alma,

---

142 XAVIER. Francisco Cândido/ Emmanuel, *Vinha de luz*, cap. 30.

colocando-nos "no chão". Buscamos, então, preencher a mente com distrações "lá fora" (viagens, festas, trabalhar incessantemente, etc.). Só que depois da anestesia momentânea das distrações, voltamos à estaca zero. Os problemas não foram solucionados, mas tão somente "adiados". Não encontrando a solução, com a alma dominada pelo vazio existencial, procuramos uma casa religiosa. Só Deus pode dar um jeito em mim, pensamos!

No geral, por conta da mudança do padrão vibratório daquela crença religiosa escolhida, seja lá qual for, melhoramos, "provisoriamente". Não é, portanto, algo definitivo, pois, substituir a vontade do *eu*, pela vontade de alguma "organização religiosa" é apenas deixar de ser "si mesmo", pensando pela cabeça dos outros. Ficamos no comodismo, acatando ideias alheias. Paramos de pensar por nós mesmos. Não estamos, com isso, aconselhando a não ter uma religião. Digo sempre, dependendo do estágio evolutivo, é melhor tê-la; ratificamos, elas até ajudam neste "despertamento", mas não de forma definitiva. A não ser que você permaneça "dependente", a vida toda, acomodando-se. Todavia, só o que você fizer em sintonia com seu verdadeiro eu, poderá ser considerado como vida verdadeira. Se você estiver desalinhado com a fonte, dissonante com seu verdadeiro eu, não é vida.

É melhor descobrir o "porquê" e, depois do apoio da crença de sua preferência, procure criar mecanismos próprios de defesa em sua subjetividade. Já pensou, se diante de toda e qualquer situação desesperadora, perder a fé em si mesmo, e precisar buscar "lá fora" a solução? Corre-se, então, para uma igreja, que passa a funcionar como uma espécie de "arrimo", de "escora". Agindo assim, você nunca "será você mesmo". Com o passar do tempo, a sensação de vazio continua, não por falta de uma religião, nem de aventuras, sexo ou drogas. Nada disso. Ela advém da falta de sintonia com a força interior imanente, independentemente de sua orientação religiosa. A mídia tem mostrado a situação de um líder religioso de renome nacional, pastor de enorme rebanho, pedindo aos fiéis que orem por ele, em razão de depressão. A religião ajuda, mas a meta é de criar "receptividade" com a lei do Universo (expressão da Inteligência Suprema). Nós temos a potência divina, mas desenvolvê-la, é tarefa pessoal.

Então, ao invés de buscar "lá fora", recomendou Jesus que para sintonizar com Deus, "entre nos seus aposentos (sua alma) e, em silêncio, sintonize-se com a fonte, dentro de você".[143] Fatores externos podem ajudar no despertamento, mas só consegue equilíbrio pessoal, quem faz por "si mesmo", utilizando-se de mecanismos imanentes da própria psique. Não podemos ser "dependentes" a vida toda. Procurar auxílio é bom, mas deve-se aprender a andar com os próprios pés. Se você aprendeu a andar de bicicleta, quando criança, deve se lembrar da primeira vez em que se livrou das "rodinhas laterais". Quanta felicidade! Na vida, a coisa corre mais ou menos por aí. O objetivo de cada um é a conquista do autodomínio, sem escoras e dependências.

Segundo a psicologia, é no *inconsciente* que fica gravado tudo que passa pela mente. No computador gravamos "quando" queremos; na mente, no entanto, "tudo é gravado", independentemente da nossa vontade. A gra-

---

143 Mateus, 6:6.

SEJA VOCÊ MESMO – O DESAFIO DO AUTODOMÍNIO | 157

vação é automática. Não apenas sofremos quando estamos na plateia, assistindo passivamente às nossas experiências doentias, como após deixarmos o palco, elas vão para os bastidores do teatro da mente, acumulando lixo no inconsciente. Deixe-me explicar. Os fenômenos inconscientes atuam em milésimos de segundos no resgate e na organização das informações da memória e, consequentemente, na construção de pensamentos e emoções.

Fique atento, porque tudo que fazemos é registrado milhares de vezes por dia pelo fenômeno RAM (registro automático da memória), construindo a plataforma que configura o *eu*, que é a expressão máxima da consciência crítica e capacidade de escolha. Tudo o que percebemos, sentimos, pensamos, experimentamos, tornam-se tijolos na construção dessa plataforma de formação do *eu*.

Tive, como professor universitário, muitos alunos brilhantes. Alguns fulguravam, alcançando sempre as notas máximas. Eram elogiados pelos outros professores, tudo fazendo crer que seriam profissionais notáveis. Eram os chamados "geniozinhos" pelos colegas de classe. Completada a formação superior, alguns fracassaram. Esses eram dotados de muitos conhecimentos, mas não sabiam trabalhar em equipe, enfrentar desafios, liderar pessoas. Viviam na plateia, e tinham dificuldades de alcançar a maestria dentro de si mesmos. Eram mestres para o exterior, mas se perdiam na condução de si mesmos.

Nessa linha de atuação, Cury relaciona um rol de atitudes que nos testam, se somos líderes de nós mesmos ou estamos ainda na plateia, apenas "sentados, vendo a banda passar":

1. Reclamar frequentemente.
2. Reagir sem pensar.
3. Ansiedade.
4. Baixa autoestima.
5. Intolerância.
6. Dificuldade de enfrentar desafios.
7. Pensamento acelerado e controlador.
8. Emoção hipersensível e sem proteção.
9. Dificuldade de reconhecer erros e corrigir rotas.
10. Falta de autocontrole.

Se você tem:

- De uma a duas atitudes, fica "pouco tempo" na plateia.
- De três a cinco atitudes, fica "muito tempo" plantado na plateia.
- Cinco ou mais atitudes, "fica plantado" na plateia.

3. Como ser "líder de si mesmo"?

> Um ser humano rico procura ouro na sociedade, um ser humano sábio garimpa ouro nos solos do seu ser.
>
> **Cury**

PARA DEIXARMOS DE ser plateia e sermos atores no palco da mente, a teoria da inteligência multifocal ensina-nos **duas metas** e **duas técnicas**:

Metas:

1. Reeditar a memória.
2. Produzir janelas paralelas da memória.

Técnicas:

1. DCD (duvidar, criticar, determinar).
2. Mesa redonda do *eu*.

Essas metas e técnicas, se colocadas em prática, continuamente, capacitam-nos no processo de gerenciamento de nossos pensamentos e emoções, para que "sejamos nós mesmos".

3.1. Metas para ser "líder de si mesmo"

Reeditar a memória

ANTES DE QUALQUER análise ao processo de funcionamento de como "reeditar a memória", ou seja, "produzir outro filme", "reescrever a história", estudemos, primeiramente, como funciona o fenômeno **RAM.**

O fenômeno RAM é apenas uma sigla, das três primeiras letras do registro automático da memória. Para esclarecermos esse fenômeno, apoiemo-nos na comparação entre "memória do computador" e a "memória humana". Nos computadores, o registro é dependente da vontade. Você "grava" e "desgrava", determinado assunto, quando assim o desejar, sendo, portanto, um ato "voluntário". Já na memória humana, a coisa não funciona assim: o registro dos pensamentos e emoções é "involuntário", realizado por esse fenômeno **RAM** (registro automático da memória).

Questão curiosa é que, no campo da doutrina espírita, André Luiz, através da mediunidade de Francisco Cândido Xavier, já nos informara, em seus livros, na série *A vida no mundo espiritual*, o que a teoria psicológica de Augusto Cury nos revela hoje, com referência a essa "gravação" na memória eterna do espírito.

Esclarece-nos o repórter da espiritualidade, André Luiz, que, quando acordamos, já fora do corpo físico, contemplamos o passado, dentro do campo interior, como se "revíssemos um filme", com todos os detalhes, da existência que está se encerrando. Trata-se de uma revelação importante para nossas reflexões: tudo o que fizermos – seja bom, seja ruim – fica gravado na memória do espírito, independentemente da vontade. Agora, Cury diz-nos o mesmo, só que, sem qualquer referência ao espiritismo. Mas como entendemos a vida com base na eternidade do *eu* (espírito), inserimos sua teoria de psicologia, na doutrina espírita, assim como já o fizemos com a psicologia de Jean Piaget, em outras obras minhas.

No livro psicografado por Chico Xavier, o ex-Presidente da Federação Espírita Brasileira, após a sua desencarnação, comunicando-se com o pseudônimo de "Irmão Jacob", no livro *Voltei*, descreve esse fenômeno **RAM** presente na memória eterna do espírito, vivenciado por ele mesmo: Relata-nos ele: "(...) Vi-me diante de tudo o que eu havia sonhado, arquitetado e realizado na vida. Insignificantes ideias que emitira, tanto quanto meus atos mínimos desfilavam absolutamente precisos, ante meus olhos aflitos, como se me fossem revelados de roldão, por estranho poder, numa câmara ultrarrápida instalada dentro de mim. Transformara-se-me o pensamento num filme cinematográfico misteriosa e inopinadamente desenrolado, a desdobrar-se, com espantosa elasticidade, para seu criador assombrado, que era eu mesmo".[144] Uma revelação extraordinária sobre a vida do espírito em seu processo evolutivo, você não acha?

---

144 XAVIER, Francisco Cândido/Irmão Jacob. *Voltei*, cap. 2: "No grande desprendimento."

Eis aí a importância da comunicação mediúnica, principalmente, por ser filtrada por médium honesto, da qualidade de Chico Xavier.

Então, vejamos agora o sentido do "reeditar a memória", de acordo com essa teoria da inteligência multifocal. Trata-se de um dos processos de *transformação* da personalidade, estudado por essa teoria. Reflita, ratificando, essa importante descoberta, não só para ciência, mas também para nós, como espíritos em crescimento contínuo, cientificando-nos de que, uma vez gravados, os fatos transcorridos em nossas vidas, pelo fenômeno **RAM, não se apagam mais dos arquivos da memória**. Se a gravação trouxer um arquivo que denote "doença", não podemos "apagá-lo", mas, podemos inserir "novas experiências", abertas pelas "janelas da memória". Insistimos, se não podemos "deletar" da memória, aquilo que foi gravado, pois, não temos ferramentas para "apagar" o passado, registrado pelo fenômeno **RAM** – seja ele bom, seja ele ruim – podemos, não obstante, utilizando-nos de técnicas especiais, *reeditar a memória* construindo com *segurança*, outras janelas, de tal forma que, onde existe *medo*, reeditemos *lucidez;* onde existe *estupidez*, edifiquemos *tranquilidade,* onde existe *ansiedade*, construamos a *calma.*

É óbvio que isso não acontece "abruptamente", como um trovão em céu sereno. É batalha diária, lutando pela transformação. É, portanto, questão de querer, de colocar em ação a vontade própria. Nessa configuração, você pode criar "outras janelas", superando aquelas emoções que se manifestam, morbidamente, inserindo novas atitudes comportamentais. A proposta de "seja você mesmo" não ocorre "instantaneamente", é um trabalho contínuo, com persistência, sem nunca perder o foco. O importante é que, com o tempo, venceremos.

Exemplificando: Pedro era um médico prestativo e hábil. Tratava de pacientes com maestria e segurança. Um dia teve um ataque de pânico. O gatilho da memória detonou e gerou uma janela *Killer*.[145] Pedro começou a ter medo de enfartar. O fenômeno do autofluxo alimentou--se dessa janela e produziu inúmeras ideias negativas. O fenômeno **RAM** registrou-as e expandiu o medo inicial. Sua saúde estava ótima, mas a janela *Killer* bloqueou o raciocínio. Os ataques se repetiram. Viveu o cárcere do medo. Parou de trabalhar e ficou deprimido durante muitos anos. Mas saiu do caos. "Libertou-se depois que usou a técnica do **DCD**, que ensina como reeditar a memória".[146]

Neste mesmo sentido, respondendo sobre a possibilidade de se apagar memórias, o Dr. Ivan Izquierdo neurocientista, coordenador do *Centro de Memória do Instituto do Cérebro da PUC-RS*, falou no *Congresso Mundial do cérebro*, que aconteceu na Argentina: "É possível evitar que uma memória se expresse, isso sim. É normal, é hu-

---

145 *Janela Killer* que se caracteriza por "bloqueios na mente" causados por traumas, sendo eles nocivos se não enfrentados. Um exemplo citado por Cury foi de uma criança que comete um erro na escola e a professora a põe na frente da sala de aula para repetir algumas vezes uma determinada frase com o intuito de ele não repetir o erro. No entanto, esse procedimento pode gerar uma janela Killer bloqueando por medo ou vergonha uma determinada área do cérebro dessa criança que pode vir, por exemplo, a sentir medo de vir a falar em público, por conta de bloqueio psíquico.

146 CURY, Augusto. *Seja líder de si mesmo*, p. 100.

mano, inclusive, evitar a expressão de certas lembranças. A falta de uso de uma determinada memória implica em desuso daquela sinapse, que aos poucos se atrofia. Fora disso, não dá. Não existe uma técnica para escolher lembranças e então apagá-las, até porque a mesma informação é salva várias vezes no cérebro, por um mecanismo que chamamos de plasticidade. Quando se fala em apagamento de memórias é pirotecnia, são coisas midiáticas e cinematográficas". (*Folha de São Paulo* – caderno Saúde + ciência, 18/08/2016).

Todos podemos libertar-nos dos atores coadjuvantes, quando estes nos entulham de ideias negativas, expressando-se por medo, depressão, ansiedade e baixa autoestima, obstruindo a razão. É exatamente isto que vamos propor, nesse estudo, principalmente se você está passando por alguns bloqueios similares, que obstam sua inteireza, ou seja, a plenitude de "ser você mesmo". Não desanime, pois isto tem solução! No entanto, confie em você, nos potenciais divinos que você tem em forma imanente. Você tem a força, ela nasce com você! Mais um conselho importante, esse trabalho não pode ser terceirizado a ninguém.

Entenda, pois, que é "você mesmo" que tem que colocar em ação sua vontade. Não tem moleza alguma! É preciso suar a camisa! É você que vai colocar em prática as técnicas transformadoras que estudaremos aqui. Portanto, não desista! Tenha fé em si mesmo, nada duvidando, "porque o que duvida é semelhante à onda do mar, que é levada pelo vento, e lançada de uma para outra parte".[147]

---

147 Tiago, 1:6.

Os orientadores religiosos, os psicólogos, os amigos do peito, entre outros, podem até ajudar, mas quem resolverá o seu problema, será **você mesmo!** Só assim, você foge da "dependência", tornando-se, autenticamente, construtor de "si mesmo!" Bem, no início, diante da imaturidade, não se tem como escapar dessa dependência; mas, com o passar do tempo, o livre-arbítrio amadurece e desliga-se da submissão. Dizem os auxiliares de Kardec que "o livre-arbítrio se desenvolve à medida que o espírito adquire consciência de si mesmo".[148]

Do ponto de vista religioso, lembremo-nos da afirmação bíblica: "**Vós sois deuses** e se o quiserdes podereis fazer tudo que eu faço, e muito mais", afirmou Jesus, de acordo com as anotações de João.[149] Essa é uma frase que, expressando *fé religiosa*, nos alerta para o potencial divino de que somos portadores e o qual, muitas vezes, negligenciamos, seduzidos pelas ilusões da *porta larga* do mundo. Encostamo-nos em líderes religiosos, tais como "parasitas" numa árvore, crendo, piamente, que eles resolverão os nossos problemas. Queremos conquistar "zona de conforto", sem trabalho pessoal. O que acontece: Algemamo-nos na dependência! Em outros termos, quando estamos sendo submetidos pelos fatores coadjuvantes para o pessimismo, tristeza, complexo de inferioridade, vem o alerta: Se **você quer mudar essa situação, você pode!** Vá em frente...

Assim, não aceite qualquer insinuação de que "você é incapaz", ou "inferior", sugerida pelos coadjuvantes

---

148 KARDEC, Allan. *O Livro dos Espíritos*, q. 122.
149 João, 14:12.

psíquicos, sequestrando o seu potencial. Só se você aceitar que é! Você é o que o seu coração (mente) pensa, diz a Bíblia.[150] Exercite o poder que está dentro de você e, portanto, saia da prisão! Deixe de agir como avestruz, que, diante do perigo, esconde a cabeça na terra! Eis aqui a oportunidade de você aplicar a técnica do **DCD** – que será objeto de nossos estudos, detalhadamente. Aguarde! Acredite: você tem, potencialmente, força igual a todo ser humano. Se ainda não se manifestou foi porque você a manteve "dormente" até agora...

É nesta linha de pensamento que Paulo, o "apóstolo dos gentios", sacode os seus seguidores em Éfeso, através de uma Carta: "Acorda, tu que dormes!"[151]. Em outros termos, dizemos nós: "Desperte o gigante dentro de você!" Tome decisão e alcance seus objetivos. Rompa com a inércia e promova sua mudança. Não é sabido que o "reino de Deus está dentro de nós"? Temos tudo sem limitação! As leis naturais "não limitam nada, quem limita é você mesmo", por conta da imaturidade. Nossa responsabilidade é maximizar esse potencial.

Afinal, somos detentores de uma ferramenta extraordinária que é o livre-arbítrio, faculdade que nos concede a opção de escolha. Estejamos abertos para analisar tudo o que chega para nossa apreciação, porém o caminho a seguir deve ser segundo nosso mapa – e não o dos outros. Os grandes mestres orientam-nos a elevar nossa consciência, entretanto são os primeiros a ensinar que devemos andar com nossas próprias pernas, ainda que

---

150 Provérbios, 23:7.
151 Efésios, 5:14.

possam nos estender suas mãos. No entanto, só você atualiza essa potência, ilumina-se, tornando-se "administrador de si mesmo".

Não se diminua nunca, e diga: **Eu também posso!** "O pensamento tem o poder de atrair coisas e situações benéficas. E não se trata aqui de nenhum "segredo", nem de nenhuma espécie de magia, de misticismo ou de crença. Trata-se, isto sim, da capacidade que cada um tem de formar uma imagem clara e autoconfiante daquilo que deseja na vida e de imprimir esta imagem em seu raciocínio mais profundo, como um desafio que pelo intelecto será resolvido".[152]

O que nos diferencia uns dos outros é apenas o grau de desenvolvimento espiritual, mas *in aberto* a todos, no tempo de cada um. Assim, insistimos, "**se você quer, você pode!**"

Ninguém atingiu a perfeição, mesmo que relativa, sem trabalho. Jesus, bem como outros grandes líderes espirituais da Humanidade, em linhas de fé diferentes, também foram autores da própria iluminação. "Tornaram-se pessoas"... Nada foi de graça! Todos se "ralaram" em inúmeras reencarnações, para alcançar o crescimento espiritual. Vale a pena ratificar o conselho de Jesus[153]: "Tudo que eu faço, vós também podeis fazer, e muito mais"... Não prometeu moleza para ninguém! A evolução é trabalho pessoal...

De um modo geral, a maioria pensa que "orar" é entregar-se nas "mãos de Deus".[154] (Opa! Ele não tem mãos, é apenas um sentido figurado, pois Deus não é pes-

---

152 SPOLAOR, Everton Luiz. *Desperte a sua força interior*, p. 127.
153 Segundo as anotações de João, 14:12.
154 Ver meu livro *A oração pode mudar sua vida*, cap. 9, *De acordo com a capacidade*.

soa), pedir que Jesus, os santos, os espíritos façam gratuitamente, por nós, é querer viver na zona de conforto, na base do *dolce far niente*. Não se iluda, assuma o seu *eu*, e alcance a paz interna.

Ora, transferir responsabilidade a terceiros, é fugir da raia! Será que é esse mesmo o objetivo da encarnação, ensinada pelo espiritismo? Dizem os auxiliares de Kardec que Deus, agindo sempre através de leis, nos proporciona "a encarnação com o fim de fazer o espírito chegar à perfeição."[155] Se alguém fizer por nós, não aprendemos, pois a aprendizagem só se efetiva por ação pessoal. A rede neural só fixa o que nós mesmos enfrentamos, como todos, sem privilégio algum, a lei de causa e efeito. Errando, consertamos ações infrutíferas e aprendemos, efetivamente.

Você poderia perguntar então, mas as forças exteriores (Deus, Jesus, Buda, espíritos, entre outros) não atendem os nossos pedidos? A resposta não é tão simples assim. Você recebe inspiração, aconselhamento espiritual, mas é você que deve fazer. Você viu alguém andar de bicicleta, ou dirigir um carro, sem colocar a mão na massa? Depois de muitas ações equivocadas, aprendemos. É da lei!

Atente, então, que o avanço é ação personalíssima do espírito em evolução, por meio dos mecanismos da mente, que se manifestam através da fé e da vontade. Terceirizar os seus objetivos de crescimento espiritual a um Deus-pessoa, a Jesus, Buda, Maomé, aos espíritos, aos pastores, aos padres, a um guru, aos médiuns, entre outros, em matéria de evolução, pode até ajudar, dependendo da força

---

155 Questão 132, de *O Livro dos Espíritos*.

de sua fé, como efeito de "autossugestão" e "autoajuda", mas o crescimento espiritual é pessoal, porque, na realidade, cada um é o autor da sua própria evolução. Aprender é fruto de experiência pessoal. Esses terceirizados são coadjutores que, em certos momentos, trazem-nos ideias positivas, ajudando-nos em momentos difíceis pelos quais passamos, mas a parte que nos cabe na educação da alma, é intransferível. "Ajuda-te (trabalhe, busque) que o céu (Universo) te ajudará (responderá aos seus desejos)".[156]

Produzir janelas paralelas da memória

GOSTO MUITO DA sugestiva frase de Chico Xavier: *"Embora ninguém possa voltar atrás e fazer um novo começo, qualquer um pode começar agora e fazer um novo fim"*. Então, vamos começar agora, a construir "novas janelas", já que não podemos voltar atrás e "apagar" da memória o que está gravado.

Construir janelas paralelas é criar, na memória, janelas saudáveis que têm interconexão com as janelas doentias. Essas janelas são abertas de imediato em "contraposição" às janelas doentias do inconsciente. Quero deixar claro que, antes mesmo de conhecer a teoria de Augusto Cury, já usava "intuitivamente", ao meu modo, criar janelas da memória, sem qualquer nome técnico. Então, o que estou expondo, já faz parte de meu entendimento, razão pela qual "adotei" essa teoria, sem qualquer novidade.

---

156 Leia meu livro, *Peça e receba – O Universo conspira a seu favor*, o texto n.º 8, p. 94.

Eu chamava esta operação de técnica de "mudança de quadro mental", tendo, inclusive, ensinado a várias pessoas. Aprendi, com o tempo que, quando fluía da mente quadros mentais de tristeza ou pensamentos negativos, a solução era contrapor com outros quadros mentais positivos. Então usava, e ainda hoje uso, trazer à mente quadros mentais felizes, contrapondo de imediato, cenas já vividas que me trouxeram alegria e prazer, expurgando com toda intensidade, aquilo que queria me levar a "beijar a lona".[157] Exemplificando: quando surge um quadro de pessimismo diante de um problema ruim que estou passando, crio outro, focando num momento de alegria, pelo qual passei, ou imagino outra solução que me traga felicidade. Expulso com veemência aquele quadro que quer tomar conta de meus pensamentos.

Essas situações ocorrem geralmente, nos momentos de insônia, quando reviro na cama, sem conseguir conciliar o sono. Você também não enfrenta, de vez em quando, situações como essas? Os problemas "fermentam" a mente, numa ebulição de ideias que se associam, transformando o sono num tribunal de acusação. Afinal, a mente nunca dorme, continua trabalhando, acordando-nos pelo autofluxo das ideias. Com insistência, crio outros quadros mentais paralelos de prazer; depois de algum tempo, substituo as sugestões negativas e passo a viver o que me é prazeroso, retornando ao sono. Isto representa, na linguagem de Cury, "construir janelas paralelas". Teste essa técnica com você, e veja que o resultado será positivo. Mas o resultado é fruto de persistência.

---

157 Expressão pugilística de "jogar a toalha", "entregar os pontos".

Com o tempo, cria-se o hábito. Não pare, pois, no meio do caminho. Vá em frente!

Você poderia interpretar, à primeira vista, como sendo uma dissimulação aos problemas. Não é isto, não. Não é camuflar, imaginando que não temos problemas, fugindo de situações desconfortáveis que devem ser resolvidas. Muitos obstáculos são criados pelo autofluxo mental, mas de maneira exagerada, colocando em risco a própria saúde física e mental. É óbvio que muitos "alertas" que fluem da mente precisam ser equacionados, mas não na hora do sono. Ninguém merece! O certo é que a noite de sono não pode ser perturbada, já que nada pode ser feito com referência ao caso, naquela noite. Diz Norman Vincent Peale: "Não leve o amanhã com você para a cama",[158] ou na expressão de Jesus: "não vos preocupeis com o dia do amanhã, pois o amanhã trará suas próprias preocupações. É suficiente o mal que cada dia traz em si mesmo[159]. Uma boa noite de sono servirá para reunir as forças necessárias para enfrentar as responsabilidades do amanhã. O que se insiste é que, quando esses problemas surgem na hora do sono, é preciso criar "mecanismos", neste caso, as "janelas paralelas na memória", evitando estragos maiores ao nosso *eu*.

Uma lembrança específica pode nos fazer esquecer outra parecida – e neurocientistas conseguiram observar este processo usando imagens computadorizadas do cérebro. Dentro do cérebro dos seres humanos, eles localizaram as marcas únicas de duas memórias vi-

---

158 PEALE, Norman Vincent. *Mensagens para a vida diária*, p. 168.
159 Mateus, 6:34.

suais desencadeadas pela mesma palavra. Em seguida, observaram como se lembrar de uma das imagens repetidamente fez a outra memória diminuir, pelo desuso. Wimber acredita que os resultados podem ser úteis em psicologia, onde apagar memórias específicas, às vezes, é exatamente o de que os pacientes precisam. "Esquecer é muitas vezes visto como uma coisa negativa, mas é claro que pode ser extremamente útil quando se tenta superar uma memória negativa do nosso passado", disse ela. "Há oportunidades para que isso seja aplicado em áreas para realmente ajudar as pessoas".[160]

Essa técnica funciona, de tal sorte que, com o tempo, adquirimos autocontrole e não nos deixamos levar por distorções interpretativas, que as Igrejas costumam colocar nas costas dos "demônios". Para a doutrina espírita, demônio não existe. Trata-se de espíritos. Os *daimons* (na concepção grega eram espíritos) "nem sempre" são entidades exteriores que nos fazem sofrer. Pode, sim, ocorrer a perturbação pela presença de uma entidade espiritual, mas a grande maioria é fruto das janelas doentias de nossa mente. Nossos *daimons* estão dentro de nós mesmos... São desarmonias emocionais criadas pela mente em desequilíbrio.

Aliás, no início, essa palavra não tinha a conotação que se tem hoje, de entidade maléfica. Sócrates, por exemplo, dizia que era sempre acompanhado por um *daimon*. A palavra deve ser entendida como espírito, sem qualquer conotação de bom ou mal. É possível que

---

160 O estudo foi publicado na revista *Nature Neuroscience*.

você também já tenha construído, intuitivamente, essas janelas paralelas, ao longo de sua vida, como eu já construí, sem conhecer por esse nome ou por essa técnica. Por esse motivo conseguiu suplantar certos fracassos, mágoas, rejeições, crises. Uma boa fórmula é usar a *mesa redonda do eu*, que abordaremos a seguir, no próximo tópico.

Não há milagres para *reeditar a memória* e criar *janelas paralelas*. Nada acontece sem sua vontade de querer "mudar", criar outras cenas, diferentes daquelas que "fermentam" na mente, trazendo tristezas e doenças... Quando falhar – erros nos ensinam a mudar – jamais desanime! Treine bastante que o fruto de seu esforço acontecerá mais hoje, ou mais amanhã. Se precisar chorar, chore. Não vá nessa de que homem não chora! Não desista de promover sua melhoria. No tempo devido, você colherá resultados surpreendentes. Para atingirmos esses objetivos, usamos técnicas que, se aplicadas, colocam a mente no rumo certo. Esse é um trabalho constante, que se transformará em mudança de atitude.

3.2. Técnicas para ser líder de você mesmo

Para Augusto Cury são duas as técnicas (ferramentas) para que você "seja líder de você mesmo", ou, conforme a proposta deste livro: **Seja você mesmo:** "DCD e mesa-redonda do *eu*". Vamos, então, interpretar juntos, essa mecânica psicológica que nos ajudará a construir uma vida harmônica, permanente, sem dependências exteriores. E, depois, passar para frente, auxiliando outros companheiros de jornada, para que também possam edificar o seu patrimônio espiritual.

1. A técnica do DCD

Ela é tão importante, que deveria ser ensinada em todos os níveis escolares. É composta por três fases:

Duvidar, criticar e *determinar*. Vejamos, de forma didática, como funciona esta técnica. Diante de inúmeros casos de fobias, depressões, complexo de inferioridade, situações de estresse, pânico, insegurança, perfeccionismo, e outras situações que consomem a mente humana, como, por exemplo, medo de falar ou ler em público ou até mesmo dificuldade de receber ou dar *feedbacks*, Augusto Cury descreve uma técnica para realizar essa reedição e afirma ser algo que exige treino e bastante meditação sobre determinada experiência que gerou o trauma. Essa técnica é denominada **DCD**, já praticada intuitivamente por muitos líderes da história,

Duvidar.
Criticar.
Determinar.

Duvidar

O PRIMEIRO ATO para transformarmo-nos, paulatinamente, diante daquelas sugestões mentais trazidas à mente sem a participação do *eu*, é *duvidar*. **Duvide**, com toda força, sempre quando uma ideia negativa quer tomar conta de seu pensamento. Às vezes, somos acometidos de certas ideias de tristezas, amarguras, angústias, sem mesmo saber o "porquê". Ficamos impotentes, cabisbaixos e tristes. Pessoas quando impressionadas e sugestionáveis, se durante a noite, sonharam com alguma situação fatídica, passam o dia remoendo os devaneios mentais, procurando interpretar os negativos da mente, como se fossem "avisos" divinos. Quanta gente mística que costuma fazer do sonho uma batalha mental, sofrendo o dia todo, ou por semanas. Muitos questionam: "o que será que Deus está reservando para mim?"

Se você aceita "misticamente" um sonho, provavelmente, sem qualquer análise, irá atribuir essa perturbação "sempre" às "forças externas" (ao "demo", aos espíritos, às almas penadas, entre outras criações). Quando assim pensa, transfere-se a responsabilidade de "dar conta de sua administração" a algo externo, nunca a si mesmo.

Ora, aprender é um ato pessoal, intransferível. Sabemos que é mais cômodo nos colocarmos na condição de "vítimas", do que encarar as necessárias lutas que, no fim, têm como objetivo o "despertar" de nosso potencial. São os desafios que nos fazem crescer! Para ser feliz é preciso aprender a ser o autor de sua própria vida. "Vitimismo" é processo de escamoteamento (falseamento) da verdade, fugindo da responsabilidade de ser você mesmo!

Mas você poderia perguntar, onde entram os espíritos nessa jogada? Kardec ao inquirir seus auxiliares espirituais, pergunta: **Os espíritos influenciam em nossos pensamentos e atos?** Responderam eles: **"Muito mais** que imaginais, pois frequentemente são eles que vos dirigem".[161] Afinal, não é isso que a doutrina espírita ensina? Dizemos nós: Sim, eles participam de nossas vidas.

Vivemos num mundo de energias e pelos pensamentos sintonizamos com todos aqueles que estão na mesma frequência vibratória, sejam de espíritos encarnados ou desencarnados. Mas daí, concluir que **tudo** é influência do espírito é desconsiderar os avanços da psicologia e, além de tudo, do que a própria doutrina ensina, em vários outros momentos. Pergunta-se, então, onde fica o livre-arbítrio, se tudo que ocorresse conosco fosse de responsabilidade deles, não é mesmo? Seríamos meros "marionetes", sem o poder de escolha. É cômodo colocar tudo nas costas dos espíritos...

Assim, separando a **ideia única** de que todo estado de espírito em desequilíbrio é causado por uma entidade exterior, atente para o lúcido alerta de André Luiz: "Sempre que você experimente um estado de espírito tendente ao derrotismo, perdurado há várias horas, sem causa orgânica ou moral de destaque, **avente** a hipótese de uma influenciação espiritual sutil".[162] Perceba que André Luiz não "fecha questão" sobre o assunto, apenas "aventando" (ventilando) como uma "possibilidade", uma "hipótese" de influência espiritual. É entendendo assim que o codificador argumenta que "O homem pode, muitas vezes, ser obsessor de si mesmo".[163]

Nessa configuração, veja que alguns estados doentios

---

161 Questão 459, de *O Livro dos Espíritos.*
162 XAVIER, Francisco, VIEIRA Waldo, pelo espírito André Luiz. *Estude e viva*, texto: influenciações espirituais sutis.
163 KARDEC, Allan. *Obras Póstumas*, item 58.

e certas aberrações que se lançam à conta de uma causa oculta, derivam do espírito do próprio indivíduo. São doentes da alma. "Semelhante, por sintonia mental, atrai semelhante". Quando se abre a porta da mente, atraímos, por sintonia, quem está na mesma faixa vibratória. Tudo funciona à base da "frequência". Neste exato momento – pouco importando onde você está – estão passando, sem que você perceba, ondas de energias emitidas pelas torres de transmissão. Você escolhe no dial de seu rádio determinada frequência e capta a emissora que está naquela mesma faixa; o mesmo ocorre com os canais de televisão ou de seu celular, etc.

"Dessa forma, cada um desses aparelhos capta energias, na sua faixa de frequência e pode ser sintonizado por você, ao mesmo tempo, ou seja, neste momento, podem estar ligados, concomitantemente, o rádio, a televisão, a *internet*, e, ainda, você atendendo o celular. Cada um sintonizado em faixas de frequências diferentes sem que haja interferência entre eles. Que coisa maravilhosa, não é mesmo?

Comparativamente, somos também ao mesmo tempo, *emissores* e *receptores*, e todo pensamento que emitimos repercute no Universo. Então, repetindo, o que já dissemos alhures, os pensamentos são transmitidos por frequência, tais como esses aparelhos, e têm força poderosa. Nesse desenho, podemos mudar nossas vidas, mudando a frequência de nossas vibrações mentais. O que vivemos hoje é o resultado do que pensamos e sentimos. Desde que me tornei espírita, sempre ouvi o ditado que "o plantio é livre, mas a colheita é obrigatória". Isto quer dizer, não importa o teor de seu pensamento, o Universo conspira sempre a seu favor, seja bom, seja ruim. Veja a tremenda responsabilidade quando desejamos mal aos outros... Não se iluda! Quem planta colhe!"[164] Essa é a lei da vida...

O primeiro passo, então, é não aceitar o que os coadjuvantes pintam de assombroso em sua mente. Não há momentos em que vem uma saraivada de ideias desconexas, que nos retiram todo o ânimo, porque são sugestões de tristeza, aparentemente infindas, para aquele momento? Duvide! Conteste! Assuma o comando de sua cabine mental. Toda sugestão que faça você ficar ansioso, deprimido, nervoso, baixa autoestima, ter ódio ou perder a paciência tem que ser combatida, imediatamente, aqui e agora. Não deixe para depois... Tenha a curiosidade de entender se isso faz sentido realmente, se é factível. Questionar o motivo das suas fraquezas e tentar entender as suas origens já é uma forma inteligente e poderosa de enfrentá-las.

Temos que encarar os "atores coadjuvantes" quando estão interferindo na nossa vida saudável e, "virar a mesa", sempre que necessário. Assim, *duvide*, de plano, das sugestões de inferioridade, de doenças, de incapacidade que a janela da mente traz à tona. Adote o princípio da descrença, quando sugestões mentais digam que você é "inferior", "incapaz", "não vai sair do lugar". Muitos, desolados, chegam a dizer: "esse é o meu carma!". Nessa vida, nasci para sofrer! Ora, isso é pura balela... Fuja enquanto pode dessas ideias malucas. Você nasceu para ser feliz! Os eventuais deslizes cometidos são naturais,

---

164 Ver mais em meu livro *Peça e receba – o Universo conspira a seu favor*, Texto 2: O Universo quântico.

afinal aprendemos com os erros. Eles não acarretam castigos, mas, no dizer de Kardec, apenas "consequências". Rechace essas sugestões dos seus coadjuvantes mentais que querem lhe transmitir desarmonias. Faça você as suas próprias experiências.

O princípio da descrença é a proposição fundamental da conscienciologia, de Waldo Vieira, no qual o pesquisador não deve aceitar nenhuma ideia de maneira "apriorística", ou seja, à primeira vista, sem reflexão e sem submetê-la a uma análise crítica, desapaixonada e racional. Através do princípio da descrença, a pessoa substitui a crença pelo conhecimento advindo da racionalidade e da experiência pessoal. O princípio da descrença representa um desafio prático para todos nós. Neste desenho, não acredite em nada, nem mesmo no que estamos informando aqui. Experimente. Tenha suas experiências pessoais. Particularmente, o que estou escrevendo agora tem muito de minhas experiências pessoais, conforme já confessei alhures.

Criticar

Assim, não aceite o que as sugestões da **"janela da memória"** querem impor a você, pela "fala mental", sem qualquer análise. É óbvio que se tiver lógica a sugestão, não adianta camuflar, corrija. Fora disso, critique cada sugestão malsã, que flua em sua mente, tal como os pensamentos negativos, cada ideia tola que o perturba, cada angústia, humor triste, medo, insegurança, dizendo, sem titubear: "Vou virar a mesa". Conteste, dizendo que "essa ideia negativa sobre mim, não tem qualquer fundamento" e, portanto, "não serei algemado por ela".

As palestras de autoajuda, nessa configuração, não atingem seu objetivo, se o *eu* não tomar a decisão de, efetivamente, comandar seu pensamento. Não basta *determinar* apenas (eu sou feliz, sou alegre, sou próspero); é preciso antes *duvidar* e *criticar* ideias negativas sobre você, reeditando, assim a memória. Veja que esta atitude é um exercício persistente que você precisa encetar, até que atinja os objetivos almejados. Insistimos: ninguém vai fazer isso por você... É você mesmo o administrador de seu *eu*.

A partir disso, critique com rigor cada ideia tola, cada momento de insegurança ou medo. Não se prenda, por exemplo, àquele sonho angustiante que você teve esta noite. Sonhos são manifestações simbólicas dos quadros mentais. Critique toda mensagem malsã que fluiu em sua mente. Dê um posicionamento a ela. É medíocre? É infantil? É coerente? Coloque-a na posição que ela merece. É um momento de reflexão poderoso. Critique seriamente cada pensamento negativo, cada ideia tola que o persegue, cada angústia, humor triste, medo, insegurança.

A vida é sua. Diz-se que Deus dá a vida (o gérmen), mas quem a desenvolve e cuida dela é você mesmo! Muitas pessoas relativamente bem-sucedidas e altamente atuantes deixam se levar pelos coadjuvantes em sua versão negativa. "Com bastante frequência, a dor e o sofrimento são desnecessários e cessam quando as pessoas controlam suas convicções, seus sentimentos e suas ações a fim de modificar o processo de suas vidas. Infelizmente, na maior parte do tempo não fazem isso.

Esperam, depois tentam alterar o mau resultado ou, com frequência, vão a um terapeuta querendo simplesmente se queixar de sua vida horrível ou, de algum modo, ser 'curadas por outras pessoas'." Faço minhas as palavras da doutora Marlene Nobre "No espiritismo existem médiuns de cura que cedem magnetismo, o fluido magnético, gratuitamente, tornando possível receber-se a 'cura', entre aspas, porque é sempre com aquele velho conceito de que **cada um cura a si mesmo**" (grifamos).[165]

Atente-se que nem Jesus – embora os religiosos atribuam a ele a realização de "milagres" – jamais "curou" alguém. Em várias manifestações diante dos doentes que se curavam, dizia ele: "Faça-se-vos conforme a vossa fé", "Foi a tua fé que te curou". Com isso, jamais condicionava a cura a algo milagroso realizado por ele, ou à ideia de conexão a determinada religião, mas deixa claro, que ela se vincula à fé, como certeza de conquista interior. Essas curas, citadas nos Evangelhos, estavam baseadas na *fé do paciente em si mesmo*; diante das "sugestões" dele, acordavam do estado de dormência e tomavam consciência das faculdades imensas depositadas em gérmen no seu íntimo. Com essa convicção nos seus potenciais internos, dissipavam-se as nuvens negativas de que eram portadores, e a cura se manifestava.

Ora, fazer com que as pessoas percebam que são elas que "determinam" o resultado de suas vidas nem sempre é fácil. Só no tempo próprio de cada um, dá-se

---

165 NOBRE, Marlene. Folha Espírita, *As curas de Jesus e o espiritismo,* Dez,/2003, p. 7.

o *insight*.[166] Portanto, não desanime, no tempo próprio, você vai encarar de cabeça erguida, sem medo de ser feliz, avançando sempre.

Assim, criticar é sadio, antes de qualquer tomada de atitude. Se tudo que impuserem em nossa mente for aceito sem contestação, "nossa cabeça vira lixo". Depois de "duvidar", "critique" toda avalanche negativa do fluxo mental. "Eu não sou assim", "mudo-me para melhor". "Tenho poder ilimitado", sou eu mesmo o detentor da força para maximizar o meu potencial. Portanto, construa-se! Não fique esperando por "milagres", eles não existem. "Se você quer o milagre, seja você o milagre!"

Determinar

ESSA É A terceira fase do DCD. Sem ela, o trabalho fica manco. Determinação é a certeza íntima de direcionamento. Para ser determinado, é necessário definir metas objetivas e claras, de tal sorte que elas possam ser explicadas em detalhes e mensuradas, de preferência, quantitativamente. Depois das metas, vem a força interior e a certeza de que o que se deseja será alcançado. Essas duas coisas juntas formam a **determinação**. Metas sem força e certeza jamais são concretizadas; força sem metas é apenas intenção, esperança. "Determinar", pois, é decretar com autoridade à mente o que se quer. Quer ser livre, alegre, tranquilo, positivo em seus pensamentos?

---

166 Ler meu livro *O poder da fé*, por esta mesma editora.

Delibere e trabalhe para isso, sem medo e sem titubeios. É assim que você reconstruirá a sua própria história. Tome conta de seu pensamento e resgate a força de seu *eu*. Você já ouviu várias vezes a frase: "Você tem que ser determinado!"

Eu, pessoalmente, confesso que já sofri muito por "acolher" na mente, certas sugestões de angústia, medo, apreensão. Aliás, quem não passa por isso? São fases que nos preparam para etapas subsequentes. Hoje, após muito exercício, aprendi a não me deixar influenciar por qualquer ideia negativa que brota em minha intimidade. O que eu faço? Vale a pena repetir minha experiência, já reportada alhures: Quando me afloram ideias negativas construídas agora, ou há tempos, gravadas, inconscientemente, em meu **código mental de leis**, costumo, imediatamente, trocar esses quadros mentais, por outros positivos. É uma técnica que funciona. Aplique em você. Não basta duvidar e criticar, é preciso trabalhar para reeditar a memória. Determine! É um trabalho contínuo de construção de uma vida sadia e feliz. Que adianta duvidar e criticar não movendo uma palha para mudar? Aí é perda de tempo! Insistimos, a felicidade é uma construção...

Sei que não é fácil, mas é preciso treinar para "ser determinado", não deixando que as ideias de inferioridade, sofrimento, tristeza, angústia, tomem conta de sua cabine mental. Você é o dono de seus pensamentos! Quem não enfrenta situações de dificuldade, diariamente? "Uma vida, cujo universo interior fosse isento de desafios e inquietações assemelhar-se-ia a um barco à deriva, cujo destino seria traçado não pela vontade e pela ação livre, mas pelo acaso e pelas circunstâncias".[167] Os obstáculos são "despertadores" da alma que nos ajudam no crescimento. Tudo tem uma razão de ser.

A construção da vida é de sua responsabilidade. Lembra-se da parábola dos talentos? Cada um traz, ao aportar aqui na Terra, talentos de acordo com o que se construiu, nas existências anteriores. Simbolicamente, o que dobrou o desenvolvimento de seus potenciais foi o que ampliou, pelo trabalho, a sua luz, na proporção de suas forças. Seus talentos só aumentarão se você "se ralar" por eles. Não pense que Deus dá "gratuitamente"; é você quem constrói sua individualidade. Trazemos talentos (potenciais) e temos que dar conta deles. Só se aprende fazer, fazendo! Ou no dizer de Aristóteles: "É fazendo que se aprende a fazer aquilo que se deve aprender a fazer".

Já dissemos, mas a título de aprendizagem vale repetir: Diante de quadros mentais de sofrimento, troque-os por outros que relembrem situações positivas pelas quais você passou, e que suscitem momentos de alegria e bom humor. Isso quer dizer, combata qualquer situação que "polua" a mente de ideias malsãs, trocando-as por outras positivas que substituam o momento de intranquilidade emocional. Não se deixe vencer, por sugestões doentias. Tome comando de sua mente, coloque sua vontade em ação! Seja forte! Só assim é que, com o decorrer do tempo, com exercício constante, fortalecem-se as redes neurais e, gradualmente, você assumirá o comando da mente.

Nesse entendimento, não basta apenas "determinar" com frases de autossugestão. É preciso primeiro, "duvi-

---

167 SPOLAOR, Everton Luiz. *Desperte sua força interior*, p. 40.

dar" das ideias negativas que estão povoando sua mente. Em seguida, criticar: "isso não é verdade!". Depois, então, determinar, protocolando na mente o que você quer efetivamente para sua vida.[168] O aforismo "ajuda-te que o céu te ajudará" é semelhante a esse outro, "busca e acharás". É o princípio da lei do trabalho e da lei do progresso.[169] É a esperança no meio das dificuldades acerbas que a alma passa neste planeta.

É preciso que haja fé naquilo que protocolamos na "casa mental", repetindo várias vezes por dia, ao longo de meses para que seja gravado na rede neural. Com o tempo, aprende-se. O aprendido transforma-se em hábito. Daí para frente este hábito fica no "piloto automático". Recordemos que esta técnica não "apaga" o que foi "gravado" na memória, mas cria, com a repetição, outras trilhas neurais no inconsciente. "Uma regra fundamental da neurociência diz que células nervosas acionadas juntas permanecem juntas. Se fizermos isso uma única vez, uma coleção de neurônios livre formará uma rede, mas não 'entalhará uma trilha' no cérebro. Quando alguma ação ocorre seguidamente, células nervosas desenvolvem uma conexão cada vez mais forte, e se torna progressivamente mais forte aquela rede".[170]

Há técnicas específicas para ganhar paz da mente, para se entender bem consigo próprio, para que você seja você mesmo. É nesse sentido que, no dizer de Augusto Cury: "Se treinarmos diariamente essa técnica (**DCD**) ao

---

168 Leia o texto, do livro *Peça e receba – o Universo conspira a seu favor,* cap. 17.
169 O *Evangelho segundo o Espiritismo,* cap. XV, item 2.
170 DISPENZA, Joe. *Quem somos nós,* p. 147.

cabo de 6 meses, a qualidade de vida dá um salto e nos tornamos mais alegres, simples, tranquilos, seguros e autoconfiantes".[171]

É óbvio que esse prazo é apenas simbólico, um parâmetro mutável, pois dependerá sempre do tempo de cada um. Então, se você quer mudar, sugerimos que comece a aplicar a técnica do **DCD**. Ela vai mudar a sua vida! Não desanime nunca. Ninguém pode fazer isso por você! Ela funciona, mas precisa ser trabalhada. Lembre-se, sempre, do ensinamento de Jesus – quando os crentes dizem que ele fez milagres, porque ele é Deus: "Tudo que eu faço vós também podeis fazer e muito mais!"[172] Está ele, aconselhando-nos, por outras palavras que, "se você quer você pode!" Então, a bola está com você! Por fim, determine ser feliz. E creia que irá ultrapassar as suas barreiras. **Escolha uma frase de impacto para repetir sempre que passar pela situação de trauma.** Tem gente que no escuro canta alguma música que lhe traga paz e tranquilidade e torna essa experiência mais "confortável". É uma boa alternativa...

2. Mesa-redonda do eu

Do PONTO DE vista pedagógico, na aplicação de dinâmicas de grupo, é comum o uso das chamadas "mesas-redondas". No sentido geral, a todo tipo de reunião entre pessoas, em que se é discutido um tema ou um assunto, sobre o qual todos participantes têm o direito de mani-

---

171 *Seja líder de você mesmo*, p. 105.
172 João, 14:12.

festar suas opiniões de forma democrática, dá-se o nome de *mesa redonda*. Não importa, obviamente, o formato da mesa (quadrada, redonda, retangular, triangular, etc.), pois o termo "mesa redonda", simbolicamente, objetiva a reunião de pessoas em torno de um assunto central a ser discutido. Pode até não ter "materialmente" mesa alguma. Quando se reúne em círculo, por exemplo. Esse tipo de reunião também pode ter caráter decisório, quando os membros decidem de forma democrática o destino de algo.

Cury estendeu a ideia dessa técnica, utilizada no mundo (escolas, empresas, etc.), para o paciente que deseja superar os "transtornos psíquicos" ou em pessoas que desejam desenvolver seu potencial intelectual e expandir sua qualidade de vida. Ela consiste numa reunião na própria intimidade, com nós mesmos, em que reservamos alguns espaços de tempo por dia, debatendo os nossos próprios problemas, dificuldades, crises, perdas. Discutimos e traçamos roteiros numa "mesa-redonda" silenciosa, dentro de nós. As escolas não ensinam isso. Mas poderia ser extremamente importante se os educandos fossem treinados a conduzir efetivamente o seu *eu*. A ciência e a educação nos preparam para explorarmos o "mundo exterior", mas não, para o "território interior" de nosso ser.

Ao usarmos a técnica **DCD** (**d**uvidar, **c**riticar e **d**eterminar) para solucionar os focos de tensão e o autodiálogo, chamado por Cury, de a mesa-redonda do *eu*, fora desses momentos de conflitos, conquistaremos avanços.

Todas as doenças psíquicas podem ser superadas. Em muitos casos, quando necessário, deve-se fazer uso de antidepressivo ou tranquilizante, com prescrição médica. Mas não podemos manter-nos na dependência, pois o importante é conquistar a independência do *eu*, que é o ator principal, tendo os medicamentos apenas como coadjuvantes temporários. É nesse sentido, que nas casas espíritas, não se recomenda que o paciente abandone os remédios prescritos pela medicina durante os tratamentos espirituais. Ele deve continuar, até que conquiste a autossuficiência.

A Humanidade, com raras exceções, desenvolve modernas tecnologias para dialogar com o "mundo externo" em razão de segundos, mas perdeu a capacidade de dialogar consigo mesma, em seu mundo íntimo. A internet, a televisão, o telefone, o rádio, entre tantos veículos de comunicação, nos colocam em contato, no tempo real com o mundo externo. Só quem conheceu a forma de comunicação antes de toda essa moderna tecnologia é que pode avaliar o quanto era complicado e demorado esse contato. Hoje fico a pensar quando os usuários criticam a *internet* por estar muito lenta! Ah! Se soubessem como era a transmissão anos atrás! No entanto, a comunicação com o mundo interior, embora tenha avançado, no geral, as pessoas tornam-se anêmicas, em termos de domínio de si mesmas, deixando-se dominar por seus coadjuvantes internos, quando sugerem ideias negativas.

Quantas pessoas que, por conta ainda do seu estágio evolutivo, vivem alheias à responsabilidade de assumir o seu *eu*, dormindo, sem com nada se preocupar, na base do *deixa a vida me levar*, aturdidas por problemas emocionais, julgando que são incapazes de mudar sua história. Muitos passam a vida toda, levando, até ao túmulo, todas as doenças emocionais, pensando que estão sofrendo em consequência de "carmas" do passado, perdendo a oportunidade de *dar uma virada na sua vida*, no momento em que assumirem a governabilidade do *eu*.

Ratificando o que já dissemos alhures: Não reencarnamos para pagar "carmas", mas, para "evoluir", pois, no caso de eventuais equívocos, eles, na mecânica da aprendizagem, acarretam tão só consequências (não castigos), ou testes, para despertar. Aliás, a aprendizagem se dá através de erros e acertos.

Após o *feedback*, entramos no "começar de novo".[173] Fomos marcados por uma série de castrações, desde a infância, dominados, inconscientemente por "leis internas" que nos impuseram. Muitas dessas leis foram colocadas na consciência por outras pessoas, como os pais, a escola, a religião etc. Não percebemos que não se trata de "vontade divina", como as religiões, "criminosamente", ensinam: "É Deus quem quis assim!" Ora, pelo livre-arbítrio, a vontade de Deus é a sua! Você tem a semente divina, mas quem faz escolhas é você. Não deixe que o poder ilimitado que está dentro de você, continue inativo, abafado.

Toda pessoa que seja basicamente sadia deve assumir o comando e levar uma vida plena (embora, a perfeição seja sempre relativa). No geral, não foram educadas para assumir o comando do pensamento. No tempo próprio, de acordo com a maturidade espiritual, ocorrerá o *insight* (despertamento) que a conduzirá ao processo de tomar as rédeas de seu *eu*.

---

173 *Feedback* é uma palavra inglesa que significa «realimentar» ou "dar resposta" a uma determinado pedido ou acontecimento. Significa ainda, retorno, resposta, crítica, análise crítica.

Faça sempre uma mesa-redonda em seu interior. Nas anotações de Mateus,[174] Jesus ensina o roteiro: "Se queres falar com Deus (sintonizar-se com Suas Leis) entre em seus aposentos (mente), fechada a porta (desligamento do mundo exterior), e, silenciosamente, fale com Ele (Suas leis)". É, em sentido psicológico, o momento em que promovemos a mesa-redonda com nossos auxiliares íntimos. Habitue-se a essa operação todos os dias. Trata-se de um balanço de nossas ações.

Podemos comparar a aplicação dessa mesa-redonda, com a sugestão de Santo Agostinho: "Fazei o que eu fazia quando vivi na Terra: ao fim do dia, interrogava a minha consciência, passava em registro o que havia feito e perguntava a mim mesmo se não faltara a algum dever, se ninguém tivera motivo para se queixar de mim. Foi assim que cheguei a me conhecer e a ver o que em mim precisava de reforma. [...]"[175] Na verdade, trata-se apenas de um bom começo, já que poucos aplicam esse exame, diariamente. O ideal é que a consciência nos desperte, incontinenti, no mesmo momento em que praticamos o ato errado. É óbvio que todos nós, pelas experiências conquistadas, através de existências infinitas, cresceremos sempre um pouco mais.

Assim, *duvide, critique* e dê *determinação* a sua meta, deixando de ser vítima do terrorismo dos coadjuvantes no pensamento, quando eles sugerem passividade! Atente que eles não são "comandantes", "donos de sua vida", mas apenas "auxiliares". Neste desenho, sentindo-se infe-

---

174 Mateus, 6:6.
175 KARDEC Allan: *O Livro dos Espíritos*. Questão 919-a.

rior, por influência dos auxiliares, *duvide, critique* veementemente, e *determine* outro quadro mental para a sua vida.

Assim fazendo, descobrirá que você não é inferior. Todos são iguais perante as leis do Universo. Lembre-se de que não nascemos "nesta existência" para aceitar passivamente o que o "mundo" nos impõe. "É meu carma dizem!" Por conta dessa crença, nada fazem, aceitam sem qualquer contestação. É bem verdade que, quando ainda imaturos, o comum é tornar-se presa fácil dos aproveitadores religiosos.

Não terceirize, pois, seus problemas emocionais a falsos líderes religiosos, que prometem mundos e fundos, se você "entregar" sua vida a essa ou aquela igreja. Daí vem a cantilena: Aqui, Jesus vai te salvar! Deus não abandona Seus filhos! Ora, ninguém salva ninguém. Se alguém o salvar, você nunca precisará assumir responsabilidades, clássica mentalidade de vítima. A ironia é que são exatamente os erros, consequências de escolhas infelizes – prerrogativa do livre-arbítrio – que nos conduzem a estados cada vez mais elevados. A aprendizagem só ocorre por experiências pessoais. Se alguém fizer isso por você, adeus evolução. Então, não é Jesus que salva, quem salva é você mesmo... Não existe um "salvador". As ideias de Jesus, como a de tantos líderes espirituais são, isto sim, "salvadoras", desde que você as pratique, não aguardando que eles o façam por você!

Não entre nessa! Repetindo o que já dissemos alhures, mas, vale a pena insistir, todos aqui nos aportamos para "sermos felizes" e não para "pagarmos dívidas". O alinhamento com a lei natural é o único caminho para ser feliz. Os erros trazem, obviamente, consequências que nos levarão à aprendizagem. A partir do momento em que você entender que a força está em suas mãos, saia da casca e faça da vida aquilo que você pensa.

Reedite a memória, crie janelas paralelas e vá em frente. Não aguarde solução mágica. Isso é bobagem! Não entregue a vida a ninguém. Você é o único que pode mudar o seu *eu*. Não desanime quando acontecerem "recaídas". Elas ajudam você repensar no que deu errado, pois aprendemos com os erros. Crie novas estratégias e vá em frente... Insista, eduque sua emoção, exercite sempre.

Entenda, pois, que o processo de mudança não é milagroso. É, às vezes, dolorido. Ele é fruto de sua perseverança. Insista um pouco mais, mesmo quando "aparentemente" todas as forças se exauriram. Dê uma pausa para uma "mesa-redonda" em sua intimidade. Se lágrimas brotarem, chore o quanto a emoção assim expressar. Mas não desista quando tropeçar. Aos poucos você vai se surpreender com o quanto você é capaz!

Nosso *eu* representa nossa capacidade consciente de "decidir". Quando deixamos de dirigir o veículo da mente, ele será dirigido pelos fenômenos inconscientes do "gatilho da memória", da "janela da memória" e do "autofluxo". Coloque cada um deles em seus devidos lugares. Eles são atores coadjuvantes no teatro da mente. Eles trazem à mente tanto os pensamentos belíssimos, quanto os perturbadores, tanto as alegrias quanto as misérias efetivas.

É mais ou menos o que ocorre numa grande empresa, se o empresário fecha os olhos à sua função administrativa deixando que os auxiliares a toquem. O barco sem o timoneiro é conduzido pelos auxiliares e, aí, não se sabe aonde vai chegar. Ele, sendo o mestre do projeto,

Seja você mesmo – O desafio do autodomínio | 193

tem que ser o administrador diligente, corrigindo aqui, orientando ali, superando possíveis "entraves" que possam ocorrer no decorrer do trabalho. Sendo responsável, ativo, construirá a solidez do empreendimento, trazendo sucesso a todos os partícipes.

Não é exatamente o que ocorre conosco, quando nos omitimos na execução de nosso projeto de vida? Se nos omitirmos, os auxiliares tomam conta e deixamos de "ser nós mesmos". A parábola dos talentos, já reportada no texto de Lucas, expressa bem a necessidade do trabalho para que se *faça brilhar a sua luz* interior. Ninguém recebe talentos de graça, se não os desenvolveu! A ideia que se divulga é que ao nascer, Deus concede-nos talentos de acordo com a capacidade de cada um. Na verdade, cada um traz de acordo com existências anteriores, experiências já conquistadas. Ao aportar aqui, em nova existência, cada um utiliza o talento que construiu.

2.1. Aplicando o autodiálogo ou a mesa-redonda do eu

A Mesa-redonda do eu é uma prática de autoquestionamento e reflexão. Para isso, reserve 15 minutos por dia para meditação e faça críticas, debates e questionamentos sobre o que lhe parecer negativo e doentio em seu comportamento. Lembre-se: a renovação, a determinação e a persistência nos oferecem a força necessária para transformarmos a vida e a maneira como nos colocamos nela, em uma espiral ascendente de melhoria contínua e crescimento baseado em nossos princípios e valores.

Precisamos, primeiro, "amar a nós mesmos", para que tenhamos experiências no ato de auxiliar, que não tem outro sentido, senão a expressão da beleza da vida. O parâmetro é a recomendação de Jesus: "ame o seu próximo como a si mesmo". Então, para trabalharmos essa virtude, o primeiro passo é o *autodiálogo* constante. É a esse *autodiálogo* que Cury dá o nome de "mesa-redonda do *eu*". É um diálogo aberto, franco e inteligente consigo mesmo. Esse exercitamento que nos conduz à construção do romance da vida. A pior solidão não é aquela em que o mundo nos abandona, mas quando nós mesmos nos abandonamos.

Não buscamos constantemente estratégias para vencer obstáculos do dia a dia? Nada há de errado nisso, conforme nos ensina uma das leis naturais, a lei do progresso.[176] É responsabilidade nossa progredirmos em todos os ângulos. Caso contrário, estaremos caminhando contra a própria lei natural (ou divina). Por que, então, não mantermos também o mesmo cuidado com o nosso interior? O autodiálogo ou mesa-redonda do *eu* deve-se constituir num hábito. É quando debatemos com nós mesmos, uma série de condutas que nos enfraquecem. Sermos fortes externamente e, muitas vezes, fracos diante dos medos, angústias e conflitos internos, são ações de que não podemos descurar.

Reservemos, então, pontualmente, um espaço de tempo, retirando-nos *a um lugar à parte*, para os interesses da alma. "É possível que não encontres o jardim exterior que facilite a meditação, nem algum pedaço da natureza física onde repouses do cansaço material, todavia, penetra no

---

176 Sugiro a leitura do meu livro *Das leis sociais às leis morais*.

santuário dentro de si mesmo".[177] Reserve um espaço de tempo para fazer o autodiálogo ou a mesa-redonda do *eu*.

Eis um roteiro que pode facilitar o autodiálogo, ou a mesa-redonda do *eu*, em sua intimidade:

- Faça uma lista daquilo que você acha que precisa mudar, ou desenvolver em sua personalidade.
- Converse, debata, discuta aberta e silenciosamente consigo mesmo. Seja seu grande amigo. Analise se você tem tido tempo para todo mundo, mas não para si mesmo. Como tem agido com as pessoas, como tem se tratado, como gostaria de organizar seu tempo. Imagine que você está dando um conselho e analisando o problema do seu melhor amigo (de fora).
- Estabeleça um horário que nada possa atrapalhar que você faça a mesa-redonda do "eu". Que tal estabelecer, pelo menos, 10 minutos diariamente? Ou espaçar mais os horários, conforme sua necessidade e conveniência. Mas é preciso que isso se transforme em hábito. Alguns aconselham que o momento ideal para aplicar essa técnica é no banho. Enquanto higieniza o corpo, faz uma faxina no teatro de sua mente. Ou, então, acatar o conselho de Santo Agostinho, em *O Livro dos Espíritos*, questão 919, que propõe-se fazer, ao final de cada dia, um exame de consciência.[178] Poderíamos, nesse horário, fazer o autodiálogo, ou a mesa-redonda do *eu*.
- Vire a mesa dentro de si. Não seja passivo. Discorde de suas emoções. Não aceite nenhuma frustração sem filtrá-la, ou questioná-la. Não aceite nenhum pensamento con-

---

177 XAVIER, Francisco Cândido/Emmanuel, *Fonte viva*. Lição 147
178 Q. 919 de O *Livro dos Espíritos*.

flitante sem debatê-lo. Neste campo você deve conquistar sua liberdade. Lute.

Neste estudo, o importante é praticar os ensinamentos. Se precisar de ajuda, converse com alguém de sua confiança sobre o assunto.

Às vezes estamos lá parados (tipo síndrome do domingo à noite) e vem um sentimento ruim, parece que "algo está fora do lugar", e você não sabe o que é, fica angustiado, fica triste sem motivo algum. Esses sentimentos são impulsos do subconsciente avisando que algo precisa ser resolvido e não sabemos nem o que é (talvez uma rejeição no passado, uma frustração, um abandono que sempre será um fantasma na sua rotina) a melhor forma de resolver tudo não é necessariamente "escarafunchando" no problema, faça as seguintes perguntas:

Por que estou sentindo isso? Não aconteceu nada de errado para que eu esteja angustiado? Tenho uma família linda, um marido (ou esposa) maravilhoso (a) que me ama, não tenho motivos para estar triste! Resgate valores simples que foram esquecidos, por conta dos supérfluos que tomaram conta da vida.[179]

Assim você vai reescrever sua história. Espantar esses sentimentos que atormentam tanto.

---

179 Reflita sobre o necessário e o supérfluo, capítulo V, questões 715 a 717 em *O Livro dos Espíritos*.

Referências bibliográficas

BACELLI, Carlos Antonio & XAVIER, Francisco Cândido. Emmanuel (espírito). *Chico Xavier à sombra do abacateiro*. 2ª ed. São Paulo-SP, IDEAL, 1986.

BOBERG, José Lázaro. *A oração pode mudar sua vida*. 8ª reimp. 1ª ed. Capivari-SP, Editora EME, 2012.

_____.*Aprendendo com Nosso Lar*, 1ª ed. Capivari-SP, EME 2013.

_____.*Da moral social às leis morais*. 2ª reimp. Capivari-SP, EME, 2013.

_____.*Filhos de Deus – o amor incondicional*. 2ª ed. Capivari-SP, EME, 2013.

_____.*Nascer de novo para ser feliz*. 5ª ed. Capivari-SP, EME, 2013.

_____.*Milagre – fato natural ou sobrenatural?* 2ª reimp. Capivari-SP, EME, 2015.

_____.*O código penal dos espíritos – a justiça do tribunal da consciência*. 4ª reimp. Capivari-SP, EME, 2013.

_____.*O poder da fé*. 4ª reimp. Capivari-SP, EME, 2013.

_____.*O segredo das bem-aventuranças*. 4ª ed. Capivar-SP, EME, 2009.

_____.*Peça e receba – o Universo conspira a seu favor*. 2ª reimp. Capivari-SP, EME, 2014.

_____.*Prontidão para mudança* – 3ª reimp. Capivari-SP, EME, 2009.

BONDER, Nílton. *Código penal celeste.* 4ª ed. Rio de Janeiro-RJ, Editora Campus, 2004.

BOTTON, Allain. *Religião para ateus.* 1ª ed. Rio de Janeiro-RJ, Editora Intrínseca, 2011.

REIS, Ademar Arthur Chioro. *A Cepa e atualização do espiritismo.* 1ª ed. Porto Alegre-RS, CEPA, 2001.

CURY, Augusto. *Seja líder de si mesmo.* 1ª ed. Rio de Janeiro-RJ, Editora Sextante, 2004.

DISPENSA, Joe. *Quem somos nós?* 1ª ed. Rio de Janeiro-RJ, Prestígio, 2007.

MELO, Fábio de. *Quem me roubou de mim?* 1ª ed. São Paulo-SP, Planeta, 2010.

MIRANDA, Hermínio C. *O evangelho gnóstico de Tomé,* 2ª ed. Rio de Janeiro-RJ, Lachâtre, 1995.

FRANCO, Divaldo Pereira. Joanna de Ângelis (espírito). *Conflitos existenciais.* 1ª ed. Salvador-BA, LEAL, 2005.

_____.*Momentos de coragem.* 1ª ed. Salvador-BA, LEAL, 1988.

GIBRAN, Kalil Gibran. *O profeta.* Rio de Janeiro-RJ, Mansour Challita,1971.

GUIMARÃES, L. Pessoa. *Vademecum espírita.* 8ª ed. Piracicaba-SP, Boa Nova, 2011.

HOLANDA, Aurélio Buarque. *Novo dicionário eletrônico,* UOL.

HOUAISS, Antônio. *Dicionário eletrônico Houaiss da língua portuguesa,* UOL.

KARDEC, Allan. *A Gênese.* Trad. Victor Tollendal Pacheco. Apresentação e notas de J. Herculano Pires. 20ª ed. São Paulo-SP, LAKE, 2001.

_____.*O Céu e o Inferno,* Trad. Manuel Justiniano Quintão. 54ª ed. São Paulo-SP, Lake , 2004.

_____.*O Evangelho segundo o Espiritismo.* Trad. João Teixeira de Paula. Introdução e notas de J. Herculano Pires. 12ª ed. São Paulo-SP, LAKE, 1990.

_____.*O Livro dos Espíritos*. Trad. Evandro Noleto Bezerra. 1ª ed. Comemorativa do Sesquicentenário, Rio de Janeiro-RJ, FEB, 2006.

_____.*O Livro dos Médiuns*. 76ª ed. Rio de Janeiro-RJ, FEB, 2005.

_____.*Obras Póstumas*. Trad. João Teixeira de Paula. 12ª ed. São Paulo-SP, LAKE, 1986.

PASTORINO, Carlos Juliano Torres. *Sabedoria do evangelho*. 1º vol. Rio de Janeiro-RJ, Sabedoria, 1964.

PIRES, Herculano. *Agonia das religiões*. 3ª ed. São Paulo-SP, PAIDEIA, 1980.

POSSATO, Lourdes. *O desafio de ser você mesmo*. 1ª ed. São Paulo-SP, Lúmen, 2014.

ROHDEN, Huberto. *Cosmoterapia*. 2ª ed. São Paulo-SP, MARTIN CLARET, 1995.

_____.*O quinto evangelho – Apóstolo de Tomé*. 3ª ed. São Paulo-SP, Martin Claret, 2008.

SPOLAOR, Everton Luiz. *Desperte a sua força interior*. 1ª ed. Blumenau-SC, Design Editora, 2015.

VIEIRA, Waldo & XAVIER, Francisco Cândido. André Luiz (espírito). *Estude e viva*. 15ª ed. Rio de Janeiro-RJ, FEB, 1965.

XAVIER, Francisco Cândido. André Luiz (espírito). *Nosso Lar*. 60ª ed. Rio de Janeiro-RJ, FEB 2011.

XAVIER, Francisco Cândido. Emmanuel (espírito). *Caminho, verdade e vida*, 16ª ed. Rio de Janeiro-RJ, FEB, 1994.

_____.*Fonte viva*. 19ª ed. Rio de Janeiro-RJ, FEB, 1994.

_____.*Livro da esperança*. 12ª ed. Uberaba-MG, CEC, 1992.

_____.*Palavras de vida eterna*. 16ª ed. Uberaba-MG, 1995.

_____.*Pensamento e vida*. 9ª ed. Rio de Janeiro-RJ, FEB, 1991.

_____.*Vinha de luz*. 12ª ed. Rio de Janeiro-RJ, FEB, 1993.

XAVIER, Francisco Cândido. Irmão Jacob (espírito). *Voltei*. Rio de Janeiro-RJ, FEB, 1980.